资源要素
嬗变论
——畅通城乡要素流动的基本规律

谢华平　王留根　王　腾　胡琼意 ◎ 著

九州出版社 JIUZHOUPRESS | 全国百佳图书出版单位

图书在版编目（CIP）数据

资源要素嬗变论 ：畅通城乡要素流动的基本规律 /
谢华平等著. -- 北京 ：九州出版社，2024. 11.
ISBN 978-7-5225-3426-8

Ⅰ. F299.21

中国国家版本馆CIP数据核字第2024BF1181号

资源要素嬗变论：畅通城乡要素流动的基本规律

作　　者	谢华平　王留根　王腾　胡琼意　著
责任编辑	王　佶
出版发行	九州出版社
地　　址	北京市西城区阜外大街甲 35 号 (100037)
发行电话	(010)68992190/3/5/6
网　　址	www.jiuzhoupress.com
印　　刷	北京九州迅驰传媒文化有限公司
开　　本	787 毫米 ×1092 毫米　16 开
印　　张	13.5
字　　数	204 千字
版　　次	2024 年 12 月第 1 版
印　　次	2024 年 12 月第 1 次印刷
书　　号	ISBN 978-7-5225-3426-8
定　　价	58.00 元

序　言

　　发展新质生产力既是推动绿色农业高质量发展的内在要求，又是推进中国式农业现代化的必然选择。新质生产力以全要素生产率提升为核心标志，全要素生产率是资源（包括人力、物力、财力）开发利用的效率。以要素重组升级推动农业产业革命是世界各国农业现代化的基本规律，为适应新质生产力发展的要求，必须在充分认识我国农业发展独特性的同时，推动农业产业组织和产业形态变革，不断提升生产要素组合效率，把我国建设成供给保障强、科技装备强、经营体系强、产业韧性强、竞争能力强的农业强国。

　　绿色农业高质量发展需要新的理论来指导。恩格斯提出："一门科学提出的每一种新见解，都包含着这门科学的术语的革命。"概念、命题、范畴，是特定理论体系的标志，是把握特定理论体系的基础工具。"术语的革命"体现出对既有理论体系的突破，又是一种崭新理论形态的开显。

　　《资源要素嬗变论》一书，体现了经世济民的思想。在畅通县域城乡要素流动研究中，作者从要素市场、价值形态和金融理论的新视角，提出了"城乡要素"的概念、"嬗变"的命题、"县域城乡要素流动"的范畴，从我国新质生产力发展中，总结出有规律性的新实践，提炼出有学理性的新理论，既让人耳目一新，又切合中国的县域实际。

　　作者对传统的劳动力、土地、资本、技术、数据等要素市场重新认知，旗帜鲜明地提出了，由资源、资产、资金、资本和农民构成的县域城乡要素的存在形式，揭示了县域城乡要素具有可配置、可定价、可转化、可交易、可获利的属性，赋予了生产要素新的功能。整合农村资源资产资金，实施资本化运作，把城乡的资源、资产、资金、资本有效利用起来，通过农民（主体）、政府（规则）、市场（价格）、企业（带动）、金融（血液）、村集体（组织）"六方"协调联动，在农业生产、分配、交换和消费再生产的过程中，城乡要素呈现出资源变资产、资产变资金、资金变资本、农民变股东的基本嬗变规律，实现了资源资产化、资产资金化、资金资本化、资本证券化的"四化"价值形态，增值变现退出，再进入下一个循环，每一个环节的转变都是一次生态价值的增值。"六方四变四化"推动着城乡要素有序流动，唤醒了农村沉睡的资源，盘活了集体闲置的资产，激活了银行沉淀的资金，撬动了社会呆滞的资本，以要素赋能乡村产业发展，拉长了产业链、拓宽了供应链、提升了价值链、改善了生态链，实现产业深度转型升级，推动了绿色农业高质量的发展，增加了农民租金、薪金、股金"三金"收入；激发了农村资源要素活力，优化了城乡生产、生活、生态、生命"四生"融合发展空间。

"资源要素嬗变"运作是在大力发展村集体经济中，进一步推进我国农村产权制度改革和要素市场化配置，以商品及服务形式在要素市场上通过利益获取与分配交易，推动着生产要素的有序流动和资源有效配置，实现了要素重组与升级，从而形成一个发达的要素市场体系，畅通了城乡要素流动和国民经济循环，引导要素协同向先进生产力集聚，实现绿色农业高质量发展；以双重价值维度衡量农业生产方式的现代化转变问题，将市场无形之手、政府有形之手和农民勤劳之手紧紧握在一起，提高了农民进入要素市场的组织化程度，多渠道增加农民收入，推动着中国式农业现代化和乡村全面振兴。

毕竟，"中国式现代化"是在一个人与自然和谐共生的人口超大规模社会实现共同富裕，是一个前无古人的世界级难题，需要更多的人参与，需要有更多的新观点、新思想、新模式，需要有更多的民主机制，来解决我们所面临的和将要面临的各种难题，确保中国式农业现代化和乡村全面振兴行稳致远。《资源要素嬗变论》一书的鲜明特点是理论和实践紧密结合，既吸纳了当今有关城乡要素流动最前沿的理论研究观点，又注重总结提炼近年来全国各地城乡要素流动试点地区的先进经验；既立足于国情农情、着眼于推进我国当前县域城乡要素流动的特征，又放眼世界、注重吸纳国外城乡要素流动的实践经验和教训，拜读此著作让我感受到，字字平心而论，句句求真务实，是一本视野开阔、内容丰富、开拓创新、注重实践的县域城乡要素流动理论专著，具有较强的创新性和操作性，这对从事农业现代化和乡村振兴实际工作的广大党员干部和企业家尤其具有参考意义。

国家行政学院原党委委员、纪委书记（副部长级）

十八届中共中央巡视组原组长

杨文明

2024 年国庆节于北京

目　录

第一章　绪论

随着百年未有之大变局的加速演进，世界之变、时代之变、历史之变正以前所未有的方式展开。不管历史如何嬗变，不管时代如何变迁，穷则变，变则通，嬗变一词，较早可见于《清史稿·食货志一》，云："盖屯卫嬗变，时势然也。"《现代汉语词典》（第7版）释为"演变"，它可以指彻底改变（如特征或条件的改变），也可以指一种元素通过核反应转化为另一种元素。

一、为什么要研究县域城乡要素流动

在中国式现代化的前进道路和时代坐标下，站在现代化征程的新起点，走中国式农业现代化之路，加快建设农业强国，是党的二十大赋予乡村振兴的新使命。

全面建设社会主义现代化国家，最艰巨最繁重的任务仍然在农村。党的二十大报告指出："要全面推进乡村振兴，坚持农业农村优先发展，坚持城乡融合发展，畅通城乡要素流动。加快建设农业强国，扎实推动乡村产业、人才、文化、生态、组织振兴。"城和乡是相互依存的"命运共同体"，城市的功能主要在于集聚和融合来自四面八方的劳动力、资金、技术、数据等要素，来形成一种创造活力；乡村创新的前提是必须守护和传承好一个地域、一个国家生存发展的根脉，这个"根脉"就是要充分发挥乡村在保障农产品供给和粮食安全、保护生态环境、传承发展中华民族优秀文化等方面的特有功能。

扎实推动乡村产业、人才、文化、生态、组织振兴，这是乡村振兴的重点所在、希望所在、潜力所在。"城乡融合与要素流动"是全面推进乡村振兴的核心因素；城乡要素流动的根本原因是通过利益获取与分配交易，为乡村振兴提供核心发展动能，而产业振兴是全面推进乡村振兴的重中之重。

中华人民共和国成立后尤其是改革开放以来，中国用了几十年的时间走过了西方发达国家上百年甚至数百年的现代化发展历程。中国式现代化没有步西方发达国家的后尘，经过"串联式"的发展过程，即工业化、城市化、农业现代化、信息化等顺序发展，而是后来居上，走"并联式"的综合现代化路子，工业化、城镇化、信息化、农业现代化等多头并进、叠加发展。中国式现代化的成功实践，开辟了一条具有中国特色的社会主义现代化发展道路。为此，必须要充分认识农业现代化在中国式现代化中的重要作用。

首先，农业现代化是中国式现代化的重要根基。农为邦本，本固邦宁。农业是国民经济的基础产业，在实现中国式现代化进程中具有举足轻重的作用。

一方面，中国发展不平衡不充分的矛盾主要在农村，突出农民主体地位的农业现代化，是破解难题的关键所在。中国式现代化是在人口规模巨大的社会实现共同富裕，人口规模巨大社会的共同富裕是乡村振兴的基本特征，这无疑是一个世界级难题。

根据国家统计局 2020 年底公布的第七次全国人口普查结果，我国人口的布局大体上形成了三个"四六开"。第一个"四六开"，城乡人口是"四六开"，全国总人口 14.1178 亿人，常住在农村的人口占 40% 左右，常住在城镇的人口占 60% 左右；第二个"四六开"是常住在城镇的人口中 40% 居住在县城（包括县级市的城区）和小城镇中，60% 居住在大中城市中；第三个"四六开"是我国目前有农业户籍人口 7.8 亿人，其中 40% 的人口生活在市域中，60% 的人口生活在乡村中。

随着中国劳动力短缺和社会老龄化问题的出现，不管是供给还是需求都将面临紧缩，同时抑制农村经济的增长。如何实现这部分人的共同富裕是中国式现代化必须回答的重大命题。

大国家小农户、大农业小生产、大产业小组织的国情和农情，内在地决定了中国农业现代化必然具有不同于西方发达国家农业现代化进程的重要特征，因为没有哪一个国家像中国这样，需要将数量如此庞大的小农户平稳有序地引入现代化进程。为此，以促进农民持续增收为目标、突出农民主体地位的农业现代化，既是实现共同富裕的坚实基础，也是推进并支撑中国式现代化的必然要求。

另一方面，绿色发展是高质量发展的底色，新质生产力本身就是绿色生产力。多元化探索农业绿色低碳循环发展模式，不仅凸显了我国农业现代化发展的基本趋势，而且构成了推进中国式现代化的特色路径。人与自然和谐共生是中国式现代化的又一重要特征。

就农业而言，尽管在经济发展过程中所占 GDP 的比重不断降低，却是所有产业中距离自然最近并且与人关系最密切的产业，农业产业的生命特征本身便是人与自然和谐共生的生动写照。党的二十大报告指出：中国式现代化是人与自然和谐共生的现代化，这与农业现代化所要求的绿色发展和可持续发展是完全契合的。农业现代化不仅要从以往追求数量增长向追求高质量发展转变，更要求走资源节约、环境友好、生态稳定的可持续发展道路。

如果把实现中国式现代化的过程比喻成修建一座宏伟大厦，农业现代化就是这幢大楼的重要基石，它不仅要承载数量庞大的城乡人口完成现代化的历史跃迁，更要承载中华民族生生不息追求生态和谐的内在需求。

其次，农业现代化是中国式现代化的制约短板。比较而言，农业现代化是中国式现代化的突出短板，农业大而不强是现阶段中国农业的真实写照。

相对于工业与服务业发展而言，农业在科技应用、人口素质、生产方式等方面仍然存在较大差距，第一产业生产效率远远低于二产、三产更是不争的事实，拖了中国式现代化的后腿。尽管改革开放以来，我国农业在原有基础上实现了长足发展，但农业比较效益偏低的局面尚未得到根本改变，仍然缺乏有效的市场竞争力。

与此同时，我国农业发展区域失衡的问题仍然突出，东部沿海地区、中西部的自然禀赋差异巨大，农业现代化发展水平存在明显差异。东部沿海地区经济发达，在资金供给、技术推广、基础设施建设等方面具有显著的比较优势，是农业建设进展最快和成效最显著的区域。东北和中部地区农业资源充沛，土地规模经营快速发展，农业机械化水平全国领先，农业现代化表现出加速推进的良好势头。相比而言，西部地区主要由于资源禀赋和经济基础的双重制约，农业现代化进程滞后，是农业强国建设亟待突破的重点区域。

毋庸置疑，农业现代化是中国式现代化的重要组成部分，但从比较的视角看，则是需要补齐的短板，而农业内部也存在区域发展不均衡的突出软肋，同样必须加以解决。能否高质量推进农业现代化，将直接影响中国式现代化的成色。农业现代化之于中国式现代化，无疑是最大的制约性因素，就像木桶的短板，如果不能将农业现代化这一短板补齐，无论其他领域如何努力或突破，都难以有效提升中国式现代化这一"木桶"的实际水平。

第三，农业现代化是中国式现代化的关键保障。当前，中华民族伟大复兴战略全局与世界百年未有之大变局相互交织、相互激荡。民以食为天，农业作为保障人类生存与发展的重要基础产业，既与每个人息息相关，更与国家战略安危密不可分。从中华民族伟大复兴战略全局看，民族要复兴，乡村必振兴；从世界百年未有之大变局看，农业现代化既是中国式现代化的"压舱石"，更是国家战略的重要保障。

从国内视角看，我国要以全球 9% 的耕地、6% 的淡水，来保障 14 亿多人口吃饭。正如习近平总书记在 2022 年 12 月的中央农村工作会议上指出的，"只有农业强起来，粮食安全有完全保障，我们稳大局、应变局、开新局才有充足底气和战略主动。"[①] 由此可见，保障粮食安全，是中国式现代化的底线所在，是农业现代化必须承担的重大使命。特别是在耕地资源稀

---

① 《习近平论"三农"工作和乡村振兴战略（2022 年）》，"学习强国"学习平台，https://www.xuexi.cn/lgpage/detail/index.html?id=3383386776194887154&item_id=3383386776194887154。

缺、劳动力老龄化矛盾尖锐、小农户以分散小规模经营为主的复杂条件下，如何合理强化耕地资源的用途管制、创新适度规模的经营方式、探索更有效率的补贴支持政策、全方位立体式构建粮食安全保障体系，这将是我国推进农业现代化的首要任务，同时也是中国式现代化的关键保障。

从国际视角看，只有稳住农业基本盘，才能稳定国家安全的战略全局，才能从容应对各种相互交织的不确定风险。中国式现代化并非在封闭的环境下向前推进，而是不可避免地面临风云变幻的国际局势影响。在百年未有之大变局的强烈冲击下，对我国而言，农业现代化科技水平越高，农业产业竞争力越强，市场话语权才会越大，才能拥有应对国际粮食贸易不确定性因素的战略主动能力。因此，中国式现代化进程，客观上需要加快推进农业现代化来发挥保驾护航的重要作用。

总之，农业现代化不仅是中国式现代化不可或缺的重要组成部分，也是中国式现代化必须解决的制约短板，更是确保中国式现代化能够行稳致远的关键保障。正如习近平总书记在 2022 年 12 月召开的中央农村工作会议上强调的，"强国必先强农，农强方能国强。没有农业强国就没有整个现代化强国；没有农业农村现代化，社会主义现代化就是不全面的。"① 为此，要高度重视优先推进农业现代化进程，加快缩小农业现代化与新型工业化、城镇化和信息化的发展差距，擦亮农业现代化在中国式现代化中的鲜亮底色。

二、县域城乡要素流动研究的方法

特别是"中国式现代化道路"的理念，为我们理解、诠释和研究乡村振兴打开了新视野。研究方法的选择主要是由特定的研究对象所决定的，选择何种方法，其标准主要是看其是否有利于研究任务的完成以及能否达到一定学术水准的研究目的。本书所确定的研究方法，既是为达到研究目的的基本手段，也是为了揭示县域城乡要素在现代农业生产过程中配置、

---

① 《习近平论"三农"工作和乡村振兴战略（2022 年）》，"学习强国"学习平台，https://www.xuexi.cn/lgpage/detail/index.html?id=3383386776194887154&item_id=3383386776194887154。

嬗变、交易、流动等内在运作关系及其一般规律的基本技能。本书主要采取以下几种研究方法：

制度分析方法。将制度与经济效益（主要是财政帮扶衔接资金项目绩效）联系起来的研究方法是现代经济分析的一个新型分析范式。它的最大特点是分析制度与经济效益的内在联系。中国式农业现代化的模式，充分体现了中国共产党的领导和中国特色社会主义制度的优越性，既有市场在资源配置中的决定性作用，又有政府的推动作用，是有效市场和有为政府有机结合的产物。在具体运用中，以习近平新时代中国特色社会主义思想为指导，立足新发展阶段，贯彻新发展理念，构建新发展格局，推进高质量发展。对县域城乡要素流动嬗变的分析研究，就其某一方面来说，不论如何深刻，如果缺乏深层次的制度因素分析，将是苍白无力的。因为社会制度是前提，有些中国式农业现代化的模式是学不来、不能仿效的。

辩证分析方法。这是贯穿中国式农业现代化模式研究的基本方法，也是马克思主义的辩证分析方法，即按照客观事物自身的运动和发展规律来认识事物的一种分析方法，就是用联系的观点、发展的观点、全面的观点、对立统一的观点和具体问题具体分析的观点来认识事物的本质，揭示其内在规律性，其核心是从事物内部的矛盾运动来研究其本质和特殊性的东西。就乡村振兴的主体农民和县域城乡地区来说，从其表面特征看，是落后的，处于发展的劣势地位，但仍有其比较优势，诸如后发优势，处在经济蓝海，将会走向经济红海。如果我们不运用辩证分析的方法，分析穷则思变的嬗变转变机理，那么中国式农业现代化模式的研究将可能走进死胡同，我们就不可能在问题中找到正确的思路，在困境中看到希望，在起步中发挥优势，扬长避短，真正寻求我们渴望得到发展转型，走向高质量发展的正确道路。坚持这样的研究方法，就是力图纠正偏颇，让研究结论尽可能地反映客观事实，揭示事物的内在联系。

实证分析方法。这是现代经济学比较公认的研究方法，也可以说是一种比较成熟的研究范式。实证分析方法的特点是研究事物是什么，具有什么特征以及说明该事物在各种条件下会发生什么样的变化，产生什么样的结果，其间不涉及任何伦理价值判断。实证分析方法为我们研究县域城乡要素嬗变流动铺垫了理论基础，对中国式农业现代化模式的动态发展以及乡村振兴战略的构建需要什么样的条件，以及转型趋势将转向什么样的结果，具有直接的运用价值。

规范分析方法。和实证分析方法一样，规范分析方法也是现代经济学中常用的一种分析范式。它主要回答的是"应该是什么样"的问题，其间涉及一定的价值判断。根据县域城乡要素嬗变研究的需要，我们必然要把一定的价值判断作为出发点和落脚点，提出研究的县域城乡要素嬗变流动"应该是什么样的""不该是什么样的"，选择有关条件下县域城乡要素嬗变流动模式类型并对案例的可操作、可复制、可推广、可持续做出点评，并提出选择的理由。运用案例研究法，通过"解剖麻雀"式的深入分析，阐述中国式农业现代化中"以要素赋能乡村产业发展"分析框架在工作中的运用，其目的在于拉长产业链、拓宽供应链、提高价值链、改善生态链，增加农民收入。研究县域城乡要素嬗变流动的意义，不在本身，而是为实现中国式农业现代化，全面推进乡村振兴战略，提出一套可供选择和参考的政策。规范分析方法对我们提出一系列政策建议具有重要的实践指导意义。

乡村振兴事关中国式现代化发展全局，要立足国情农情，体现中国特色。中共中央、国务院做出的关于城乡要素流动的整体设计、制度和政策安排，为我们畅通城乡要素流动研究提供了改革方向、政策遵循和法律依据。在畅通县域城乡要素流动研究工作中，我们始终坚持贯彻落实习近平总书记关于"三农"工作的重要论述，坚持和完善以公有制经济为主体、多种所有制经济共同发展的基本经济制度，建立健全合理的分配制度，强化科技创新和制度创新，尊重市场配置要素资源这个市场经济的一般规律，以完善产权制度和要素市场配置为重点，推进农村改革发展；坚持问题导向，以破解资源、资产、资金、资本制约，作为要素市场改革的突破点，走城乡融合发展之路，推动县域城乡要素在嬗变中有序流动，破解市场配置中乡村资源、资产、资金、资本的制约，要遵循经济发展的客观规律，打破思维定式和传统体制政策的禁锢，为要素市场化配置创造良好的体制机制和政策环境，改变乡村要素单向流出格局，推进资源资产价值化、资本化，加大财政资金投入和引领力度，强化乡村吸纳要素载体建设，大力发展股份合作制经济组织，加强县域城乡要素市场环境治理，化解发展不平衡、不充分的矛盾。这对于加快建设农业强国，建设宜居宜业和美乡村，多渠道增加农民收入，不断缩小城乡收入差距，全面推进乡村振兴意义深远。

三、县域城乡要素流动研究的内容

《资源要素嬗变论》一书共分 8 章内容，160 千字。第一章绪论，第二章阐述了畅通县域城乡要素流动的背景意义，第三章创新县域城乡要素嬗变流动的理论，第四章对我国畅通县域城乡要素流动的发展现状与问题进行了分析，第五章梳理了我国城乡要素流动的制度与政策，第六章运用典型案例总结了畅通县域城乡要素流动的实践，第七章构建了畅通县域城乡要素流动的绩效评价指标体系，第八章有针对性地提出了畅通县域城乡要素流动的对策和建议。

《资源要素嬗变论》一书，是世界之变、时代之变、历史之变背景的产物，产生于我国社会主义市场经济体制从初级阶段走向成熟阶段，中国特色的社会主义经济从高速增长阶段转向高质量发展阶段的转变时期，是新时代马克思资本周转理论在中国特色社会主义市场经济条件下的具体实践，揭示了社会化大生产和市场经济运动的普遍规律。完善城乡统一、全国统一的要素市场，实现各类生产要素的平等交换、自由流动，充分发挥市场对资源配置的决定性作用和政策的引导作用，推动生产要素向农业农村集聚，是实现乡村振兴的客观要求。逐步实现城乡居民基本权益平等化、城乡公共服务均等化、城乡居民收入均衡化、城乡要素配置合理化，以及城乡产业发展融合化这"五个化"，集中体现了城乡融合发展的新理念，为城乡管理体制特别是农村体制改革指明了方向，是实现乡村振兴的必由之路，是马克思主义关于城乡关系理论的最新发展。

市场体系是由商品及服务市场和土地、劳动力、资本、技术、数据等要素市场构成的有机整体。改革开放以来，我国 97% 以上的商品和服务价格已由市场定价，资本、土地、劳动力、技术、数据等要素市场从无到有、从小到大。但与商品和服务市场相比，要素市场建设仍相对滞后。要素市场是现代化经济体系的核心环节，没有发达的要素市场，市场机制在资源配置中的决定性作用就不能实现。

我们从要素市场、价值形态和金融理论的视角，对生产要素进行了新的考察研究，发现由资源、资产、资金、资本和农民构成的县域城乡要素，与劳动力、土地、资本、技术、数据等要素市场基本对应，城乡要素的每个元素都是一个经济学的概念，它们本身都有丰富的内涵，可以自成体系。同时，它们又有紧密的内在逻辑关系，能够互相转化，并形成一个完整体系。县域城乡要素可配置、可定价、可转变、可交易、可获利的属性，赋予了生产要素新的功能，是一个相互联系、相互作用、相互转化的有机统一体，推动着农村产权制度改革和要素市场化配置。在农业生产、分配、交换和消费再生产的过程中以农民（主体）、政府（规则）、市场（价格）、企业（带动）、金融（血液）、村集体（组织）"六方"协调联动，把城乡的资源、资产、资金、资本有效利用起来，城乡要素呈现出资源变资产、资产变资金、资金变资本、农民变股东的基本嬗变规律，实现了资源资产化、资产资金化、资金资本化、资本证券化的价值形态，增值变现退出，再进入下一个循环，每一个环节的转变都是一次生态价值的增值。"六方四变四化"推动着生产要素在城乡间有序流动，提高了资源开发利用的效率。

"资源要素嬗变"运作是以商品及服务形式在要素市场上通过利益获取与分配交易，推动着城乡要素的有序流动和资源有效配置，实现了要素重组与升级，从而形成一个发达的要素市场体系，畅通了城乡要素流动和国民经济循环，引导要素协同向先进生产力集聚。以要素重组升级推动农业产业革命是世界各国农业现代化的基本规律，也是我国实现农业绿色高质量发展的着力点，推动着中国式农业现代化和乡村全面振兴。

人是生产力中最为重要、最为活跃的因素，我国乡村振兴的主体是农民。新质生产力不是单纯的经济增长，而是与绿色农业高质量发展要求相适应。在县域城乡要素流动研究中，我们倡导经世济民，农业是个经济学问题，农村是个社会学的问题，农民是一个政治学的问题，要以双重价值维度衡量农业生产方式的现代化转变问题，一是解决城乡要素向农业生产过程的配置流动性问题，二是保障农民在中国式农业现代化发展中的主体地位和整体发展水平的提升问题。充分调动广大农民的积极性，让一切劳动、知识、技术、管理、资本的活力竞相迸发，让一切创造社会财富的源泉充分涌流，让发展更多更公平地惠及全体人民。正是这种"迸发"和"涌流"成就了新时代十年的中国经济，当前解决城乡发展差距问题，是经济结构上面临的重大课题，必须利用市场机制。经验证明，运用市场机制，就能做到事半功倍；不利用市场机制，必然事倍功半。实现乡村振兴，必须找到一个市场机制，把城市的社会资本、技术、人才等引导注入到支持农业农村发展上来，才能推动中国式农业现代化和乡村全面振兴。这不仅是中国式现代化的愿景，也是我们不变的初心和孜孜以求的价值追求！

"资源要素嬗变论"是一个常议常新的百年立论，既是机制模式，又是工具，它的重要意义在于实践，在于落地生根。由于我们水平所限，书中仍有一些不尽如人意之处，希望广大读者给予谅解，也希望更多的学者、专家和朋友加入"资源要素嬗变论"的研究和实践中来，让"资源要素嬗变论"的研究与实践不断推向一个新高度。毕竟，发展新质生产力是实现传统产业深度转型升级，推动绿色农业高质量发展的内在要求，其着力点在于畅通县域城乡要素流动，提高全要素生产率，以要素赋能乡村产业发展，需要更多的人参与，需要有更多的新观点、新思想、新模式，来解决我们所面临的和将要面临的各种难题，确保中国式现代化农业强国和乡村全面振兴行稳致远。

最后，要感谢中共中央党校（国家行政学院）杨文明老师在百忙中为本书作序，感谢城乡统筹发展研究中心彭晓辉、徐丹丹、徐振国同志和九州出版社的编辑同志，为本书的出版所付出的心血和努力！

第二章　畅通县域城乡要素流动的背景及意义

我国社会主义市场经济体制从初级阶段走向成熟阶段，中国特色的社会主义经济从高速增长阶段转向高质量发展的新阶段。党的二十届三中全会做出了《中共中央关于进一步全面深化改革、推进中国式现代化的决定》，乡村振兴进入战略机遇和风险挑战并存、不确定难预料因素增多的时期，守好"三农"基本盘至关重要、不容有失。党中央认为，强国必先强农，农强方能国强。要立足国情农情，体现中国特色，建设供给保障强、科技装备强、经营体系强、产业韧性强、竞争能力强的现代化农业强国。

第一节　畅通县域城乡要素流动的研究背景

一、我国经济总量成为世界第二大经济体

社会主义的根本任务是解放和发展生产力。中国百年来的追赶历程，特别是改革开放40多年来，我国国民经济大踏步前进，经济总量连上新台阶，成功从低收入国家迈入中等偏上国家行列，综合国力和国际影响力显著提升，我国经济总量已成为世界第二大经济体、成为全球第二大消费市场、成为第一贸易大国。

根据麦迪森《世界经济千年史》[1]和国家统计局《统计年鉴》提供的有

---

① ［英］麦迪森：《世界经济千年史》，伍晓鹰译，北京大学出版社，2003。

关数据，从 GDP 来看中国百年来的追赶历程（以美元为单位）：

1820 年中国 GDP 约 2286 亿元，占世界总量约 32.9%，位居世界第一；

1913 年中国 GDP 约 2414 亿元，占世界总量约 8.8%，位居世界第二；

1950 年中国 GDP 约 100 亿元，占世界总量约 1.9%；

1980 年中国 GDP 为 1900 亿元，占世界总量的 1.7%；

2020 年中国 GDP 为 14.69 万亿元，占世界总量的 18.6%，2020 年全球唯一实现正增长的主要经济体，位居世界第二。

从人口看，1921 年中国为 4.7 亿；1950 年 5.5 亿；2020 年 14.4 亿，100 年间增加了 10 亿。

从发电量看，1921 年 4.4 亿千瓦时，2020 年 74170 亿千瓦时，近百年增长 16800 倍。

从钢铁产量看，1921 年 7.7 万吨，2020 年 10.53 亿吨，近百年产量增长 13600 倍，居世界第一。

从煤炭产量看，1921 年 2051 万吨，2020 年 38.4 亿吨，近百年产量增长 186 倍，为世界第一。

从石油产量看，1921 年无工业油田开采，2020 年 1.95 亿吨，目前产量为世界第四。

从汽车产量看，1921 年无汽车生产能力，1955 年新中国生产出第一辆"解放牌"卡车，2020 年中国生产汽车 2522 万辆，与美国并列世界第一。

从铁路长度看，1921 年 1.1 万公里，2020 年 14.6 万公里，居世界第二，其中中国高铁 3.79 万公里，世界第一。

以美国为比较参照系来看中国百年 GDP 追赶进展（以美元为单位）：

1820 年，中国 GDP 约 2286 亿元，是美国 GDP 的 18.3 倍。

1913 年，中国 GDP 约 2414 亿元，是美国 GDP 的 46.6%。

1950 年，中国 GDP 约 100 亿元，是美国 GDP 的 5%。

1978 年，中国 GDP 为 1495.41 亿元，美国 GDP 为 23565.71 亿元，美国的 GDP 总量是中国 GDP 总量的 15 倍。

2018 年，中国 GDP 总量上升为 13.45 万亿元，是 40 年前的 90 多倍；美国 GDP 总量是 25.13 万亿元，是 40 年前的 10 倍，美国 GDP 总量是中国

GDP 总量的 1.6 倍。

2022 年，中国 GDP 总量为 19.54 万亿元，美国 GDP 总量为 25.46 万亿元，美国 GDP 总量是中国 GDP 总量的 1.3 倍。

在改革开放的历史经验背景下，我们要立足国情，稳中求进，继续进一步全面推进改革任务，科学实施宏观调控、激发市场潜能，畅通城乡要素流动、培育创新动能，建设全国统一的大市场，实现经济社会持续稳定发展。1978 年，我国 GDP 只有 0.15 万亿美元，粮食产量 6095 亿斤，2020 年在新冠疫情的影响下，我国仍然呈现增长趋势，全年 GDP 达到 14.69 万亿美元，粮食产量达到了 13390 亿斤，创了历史新高，经济总量从 1978 年位居世界第十位跃升为 2020 年世界第二位，1978 至 2022 年期间，我国经济总量增长了近 44 倍，年均增速高达 8.8%。这意味着我国经济实力、科技实力、综合国力又跃上一个新的大台阶。

人均经济指标发展迅速。从人均经济指标来看，我国人均 GDP 从 1978 年的 156 美元增长到了 2020 年的 10430 美元，稳居中等偏上收入国家行列，与高收入国家发展的差距继续缩小。2022 年我国农民人均可支配收入首次突破 2 万元，达到 3000 美元左右，城乡居民收入比从 2012 年的 2.88 下降到 2022 年的 2.45，城乡收入差距在逐步缩小。其中，农民工资性收入占 41.96%、经营性收入占 34.63%、财产性收入占 2.53%、转移性收入占 20.88%。

第一二三产业间的比重有所调整。1978 年我国一二三产业占总产值比重为 28.2 ：47.9 ：23.9，2022 年这个比重变为 7.3 ：39.9 ：52.8。第一产业比重快速下降，第二产业比重有所降低但保持稳定，第三产业的比重增长较快。改革开放所带来的工业化进程加快，经济社会发展迅速，也促进了第二、第三产业的发展，二、三产业的发展进一步夯实了我国经济发展的基础，为加快建设农业强国奠定了基石。

改革开放至今，我国经济总量及人均指标均得到了极大提高，经济结构逐步优化，经济发展的全面性、协调性和可持续性不断增强。同时，劳动力、土地、资金、技术、数据等要素向新质生产力优化配置，为我国三产结构的不断调整，农村三产融合提供了支持，为建设农业强国和推进乡村全面振兴奠定了坚实的基础。

二、我国"三农"工作重心历史性转移

随着"三农"工作重心历史性转移，从脱贫攻坚转向全面推进乡村振兴战略的背景下，不谋万世者不足谋一时，不谋全局者不足谋一域。

首先，要准确把握新发展阶段。新发展阶段是社会主义初级阶段中的一个阶段，是经过几十年积累、站到了新的起点上的一个阶段，是我们党带领人民迎来从站起来、富起来到强起来历史性跨越的新阶段。

立足新发展阶段，历史和现实都告诉我们：农为邦本，本固邦宁。任何时候都不能忽视农业、忘记农民、淡漠农村。我们党始终把解决好"三农"问题作为全党工作重中之重。从中华民族伟大复兴战略全局看，民族要复兴，乡村必振兴；从世界百年未有之大变局看，稳住农业基本盘、守好"三农"基础是应变局、开新局的"压舱石"；全面建设社会主义现代化国家，实现中华民族伟大复兴，最艰巨最繁重的任务依然在农村，最广泛最深厚的基础依然在农村。实现"三农"工作重心的历史性转移，在实际工作中，要坚持以系统观念来谋划，把握好全局与一域的关系，自觉把一地一域的工作放在国家战略中来谋划推进，既为一域争光，又为全局添彩。要把握好战略与战术的关系，坚持战略部署与战术安排有机衔接，推动各方资源力量向服务国家重大战略落地聚焦，以科学机制来保障落实。

其次，要深入贯彻新发展理念。创新是事物发展的本质，必须坚持创新驱动；协调、绿色、开放是方法论，必须推动高质量的发展；共享是价值观，必须走共同富裕的路子。以新发展理念为引领，推动高质量发展，在实际工作中，要把握好质量与规模的关系，不是一味追求规模增长，而是注重提升经济"含金量"，把实力做强。要把握好政府与市场的关系，坚持有所为有所不为，充分发挥市场在资源配置中的决定性作用，更好发挥政府作用，推进有效市场和有为政府更好结合。要毫不动摇地加强党对"三农"工作的全面领导，落实农业农村优先发展的总方针，各级党委必须要扛起政治责任，以担当作为推动落实。

第三，要加快构建新发展格局。推进城乡融合发展，要明确乡村的功能定位，不论是中共中央、国务院《关于全面推进乡村振兴加快农业农村现代化的意见》，还是《中华人民共和国乡村振兴促进法》，都明确了乡村的三大功能：其一，要保障国家粮食安全和重要农产品供给；其二，要提供生态屏障和生态产品；其三，要传承中华民族优秀文化。进一步明确了乡村发展、乡村建设和乡村治理三大重点任务。我国乡村振兴的主体是农民，一是要加快推进农业人口的转移或者农业人口的市民化进程；二是要提高农民就业和增加工资性、经营性、财产性和转移性收入；三是要解决农民及农民工住房问题、医疗问题和农民工子女上学问题。这是乡村振兴的重点所在、希望所在、潜力所在。把战略基点放在扩大内需上，乡村有巨大空间，可以大有作为。

从历史和发展的维度来看，当前我国发展最大的不平衡是城乡发展不平衡，最大的不充分是农村发展不充分。要重塑城乡工农关系，加快化解发展不平衡、不充分的矛盾，缩小城乡差距，解决"一条腿长、一条腿短"的问题。城和乡是相互依存的"命运共同体"，城市的功能主要在于集聚和融合来自四面八方的劳动力、资金、技术、数据等要素，来形成一种创造活力；乡村创新的前提是必须守护和传承好一个地域、一个国家生存发展的根脉。守住了这个根脉，社会在时代变迁中就能维系国家和民族的基本特征，保持国家和民族的基因。

构建新发展格局，在实际工作中，要把握好几个关系。把握好供给与需求的关系，扭住农业供给侧结构性改革这条主线，同时注重需求侧管理，形成需求牵引供给、供给创造更好需求的更高水平动态平衡。把握好国内大循环与国内国际双循环的关系，坚持扩大内需战略基点，加快构建"以国内大循环为主体、国内国际双循环相互促进"的新发展格局。把握好发展与安全的关系，坚持总体国家安全观，把困难估计得更充分一些，把风险思考得更深一些，既要切实守住不发生规模性返贫和粮食安全的底线，又要始终贯彻巩固、拓展和衔接的主线，有效防范化解各类风险挑战。

以中国式农业农村现代化为目标，在实际工作中，要坚持稳中求进。乡村发展要始终把握农业高质高效，推进产业生态化和生态产业化；乡村建设要始终把握乡村宜居宜业，推进乡村城镇化和城镇乡村化，实现城乡融合发展；乡村治理要始终把握农民富裕富足，加快推进农业人口的市民化进程。以更有力的举措，汇聚更强大的力量，完善要素市场，畅通城乡要素流动，来推进乡村产业、人才、文化、生态、组织五大振兴，逐步实现共同富裕。

三、以中国式现代化建设农业强国

走中国式农业现代化之路，加快建设农业强国，是党的二十大赋予乡村振兴的新使命。党的二十大报告指出，"我们要建设的农业强国、实现的农业现代化，既有国外一般现代化农业强国的共同特征，更有基于自己国情的中国特色"。因此，实现中国式农业现代化，必须既立足于我国自身的国情农情，又要遵循世界农业现代化的一般规律。能否兼顾好这两个方面，是我们建设现代化农业强国的关键。

中华人民共和国成立后尤其是改革开放以来，中国用了几十年的时间走过了西方发达国家上百年甚至数百年的现代化发展历程。中国式现代化没有步西方发达国家的后尘，经过"串联式"的发展过程，即工业化、城市化、农业现代化、信息化等顺序发展，而是后来居上，走"并联式"的综合现代化路子，工业化、城镇化、信息化、农业农村现代化等多头并进、叠加发展。中国式现代化的成功实践，开辟了一条具有中国特色的社会主义现代化发展道路。

首先，从世界范围来看，成功实现农业现代化的国家都具有共同性。刘守英《实现农业现代化：共同性与独特性》[①] 的研究表明，这些国家都具有如下共同特征：

一是农业生产要素实现不断组合与升级。发达国家的农业转型呈现了农业工业化的特征，即农业要素组合实现了升级：土地、劳动力、资本、技术、数据等不同种类生产要素重新组合，农业产前、产中、产后的组织

---

① 刘守英：《实现农业现代化：共同性与独特性》，《光明日报》2023 年 4 月 18 日，第 11 版。

化、专业化带来农业分工与要素配置效率的提高，农业产业链条延伸，市场化程度深化，农产品质量和安全性提高，农业产业体系不断成熟，农业竞争力得以增强。

二是农业产值份额与就业份额出现同步下降。伴随着经济发展和结构转型，发达经济体的农业发展都经历了农业产值份额与就业份额同步下降阶段。经过较长时间的结构变迁，发达经济体农业的两项份额均收敛于 2% 左右。从历史过程看，这两个指标的下降呈现出阶段性特征：当农业产值和就业份额分别处于 10%～20%、30%～40% 时，农业就业份额出现第一次快速下降；当农业产值、就业份额分别处于 5%、10% 左右时，农业就业份额再次出现快速下降。

三是农业生产率获得提高。农业生产率提高是农业现代化的根本标志，按 2015 年美元不变价计算，高收入国家的劳均农业增加值为 4 万美元，与这些国家其他产业的劳均增加值相当。技术进步是农业现代化的主要推动力，发达经济体的农业科技贡献率通常在 80% 左右。

四是农业回报率得到提升。发达国家的农业现代化共同体现为农业的高报酬。以美国为例，从土地报酬看，1992—2021 年，美国农田年均回报率为 11.2%，超过股票与黄金的回报率；2015—2020 年，美国稻谷亩均净利润从 91.48 美元增加至 195.28 美元。从劳动回报来看，1989—2019 年，美国农业小时工资从 5 美元增加到 15 美元，增长速度快于非农工作。

五是迈向城乡融合发展。西方发达国家在经历过快速城市化阶段后，城乡关系由对立走向融合发展，表现为：在城乡双向流动中实现人口融合，2019—2020 年，美国都市核心区净流失 250 万人，郊区净流入 259.5 万人，86.1 万人迁入乡村地区；土地利用混合性和多样性的空间融合，形成一套乡村、城市和自然融合共生的土地利用系统；乡村经济非农化以及多样化，城乡经济不断融合。

其次，改革开放以来特别是党的十八大以来，在我国经济结构转型过程中，我国农业遵循农业现代化一般规律，整体呈现向现代化转型的趋势与特征。

一是我国农业要素结构不断变化并实现重组。农村劳动力利用更加集约，以三种粮食作物为例，亩均用工天数从 11.10 日缩减至 4.44 日。农地向规模化经营方向发展，2020 年承包地流转率达 34%。农业经营主体呈多元化发展，2010—2020 年土地流入专业合作社和企业的比例由 11.9%、8.08% 增至 21.52%、10.44%。现代要素投入增加，作物良种覆盖率超过96%，农作物耕种收综合机械化率达 71.25%。

二是我国农业产值份额和就业份额同时有所下降。1952—2020 年，农业产值份额从 51% 下降至 7.7%，与发达经济体的结构趋同。农业就业份额的阶段性快速下降，第一次是在 1992—1997 年，就业份额与产值份额分别从 58.5%、21.3% 下降至 49.9%、17.9%；第二次是在 2003—2020 年期间，就业份额与产值份额分别从 49.1%、12.3% 下降至 23.6%、7.7%。

三是我国农业生产率明显提高。2012—2021 年，我国单位面积耕地农业增加值从 3.74 万元 / 公顷增加至 6.79 万元 / 公顷，人均农林牧渔业增加值从 1.98 元 / 人增加至 5.09 元 / 人。农业科技进步贡献率超过 61%。在 1995—2020 年之间，我国农业全要素生产率（指生产活动中投入要素的综合生产率，它反映了在给定的技术水平和资源条件下，生产活动的总体效率）呈现出上升趋势，其年均增速在 1.87% ~ 2.68% 之间。资源配置效率改善的贡献从 19% 上升至 31%。

四是我国农业回报率明显提高。2020 年，全国农业及相关产业增加值 16.69 万亿元。三种粮食作物 1978—2020 年间的每亩净利润从 −2.18 元增加至 47.14 元，每 50 公斤粮食主产品的净利润从 −0.43 元增加至 4.95 元。

五是我国迈向城乡融合发展阶段。生产要素在县域城乡间的双向配置与互动显著增强，资本下乡速度和规模增加，社会资本下乡主体已超 15 万家，累计投资额超 2 万亿元。有一定比例的劳动力回流农村。乡村业态、产业功能越来越出现了多样化。乡村空间正在重新定位，乡村文明得到重视，乡村价值得到重新认识。

第三，我国的农业现代化具有自身的独特性。我们要建设的农业强国、实现的农业现代化，既有国外一般现代化农业强国的共同特征，更有基于自己国情的中国特色。

一是依靠自己力量端牢饭碗，解决了超大规模人口的吃饭问题。习近平总书记在 2022 年 12 月召开的中央农村工作会议上，系统论述农业强国的中国特色时强调，"14 亿多人口的中国，任何时候都必须自力更生保自己的饭碗"，"农业强，首要是粮食和重要农产品供给保障能力必须强"。① 面对如此庞大的人口基数，面对不稳定性、不确定性增加的国际形势，只有保障粮食和重要农产品稳定安全供给，增强农业供给能力、产业韧性与稳定性，才有稳大局、应变局、开新局的底气与战略主动。

二是依托双层经营体制发展农业，创立中国特色农村土地制度。改革开放初期，统分结合的双层经营体制主要集中在农地层面，现在已拓展至集体建设用地层面。土地集体所有制是农村的基础制度安排，是我国推进农业现代化的基础。2022 年 12 月，习近平总书记在中央农村工作会议上强调，"深化农村改革，必须继续把住处理好农民和土地关系这条主线，把强化集体所有制根基、保障和实现农民集体成员权利同激活资源要素统一起来，搞好农村集体资源资产的权利分置和权能完善，让广大农民在改革中分享更多成果"。② 顺应城市化进程带来的乡村结构变化，我国进一步推进"落实集体所有权、稳定农户承包权、放活土地经营权"的农地"三权分置"制度创新，在依法保护集体所有权和农户承包权的前提下，平等保护经营主体依流转合同取得的土地经营权，通过土地经营权在更大范围内优化配置，实现了以土地为核心的农业要素重组。

三是发展生态低碳农业，建设宜居宜业和美乡村。我国要求在减排固碳的同时，还要做到保护和改善农业生态环境，降低自然资源消耗和污染，提高农业生产效率和经济效益。近年来，我国推出了一系列农业减排固碳战略、政策和进行技术措施研发推广等，已基本建立了农业农村绿色低碳转型的战略、政策和技术体系。从全国来看，我国农业碳排放总体强度较低，单位农业 GDP 碳排放、人均碳排放及人均农业人口碳排放均远低于美国。此外，稳扎稳打推进乡村建设，扎实推进农村人居环境整治提升，持

---

① 《习近平论"三农"工作和乡村振兴战略（2022 年）》，"学习强国"学习平台，https://www.xuexi.cn/lgpage/detail/index.html?id=3383386776194887154&item_id=3383386776194887154。

② 同上。

续加强农村道路、供水、能源、住房安全等基础设施建设。

四是赓续农耕文明，保持悠久农耕文明和乡村系统的底色。中国农业农村现代化的独特性由悠久的农耕文明和村落秩序系统铺就：农耕文明的基本特征是以家庭为单位，充分利用土地和劳动力，通过农业、工业及副业互补形成乡村丰富的生产生活生态生命格局；村落则是一个由地理空间、经济活动空间、社会关系和制度秩序组成的系统性结构。中国农民在这个乡村系统中创造和传承了丰富的农耕文化传统，形成了独特的乡村文明。这些悠久的农耕文明与乡村传统文化是我国农业和农村的根脉和底色，我们在推进农业农村现代化中，要利用好传统农耕文化和乡村文明中的优秀基因，实现传统文化的创造性转化与创新性发展，让优秀传统文化赋能乡村振兴，在农耕文明的赓续中建设农业强国。

五是加快城乡融合发展，扎实推进共同富裕。中华人民共和国成立后，开启了从农业国向工业国的转变。为实现发展赶超，形成了乡村服务于城市、农业服务于工业的城乡关系格局。改革开放将农民纳入现代化进程，城乡融合已成为当前破局农业农村发展不平衡不充分的重要策略。我国农业仍然承载着近 2 亿人的就业，农村是近 5 亿农民常住的家园，面对如此庞大群体的农民人口，其生计、生产和生活仍事关全局。同时，农民的市民化将创造巨大发展动能，几亿农民整体迈入现代化会释放巨大创造动能和消费潜能，为经济社会发展注入强大动力。因此，我国加快实现农业现代化、加快促进城乡融合发展的过程，也是扎实推进共同富裕的过程。

第四，以农业产业革命实现中国式农业现代化。以要素重组升级推动农业产业革命是世界各国农业现代化的基本规律，在中国式现代化大棋局中，加快推进农业农村现代化，必须在充分认识我国农业发展独特性的同时，大力发展新质生产力，全面提升全要素生产率，实现绿色农业高质量发展，把我国建成供给保障强、科技装备强、经营体系强、产业韧性强、竞争能力强的农业强国。

新质生产力是由技术革命性突破、生产要素创新性配置、产业深度转型升级而催生的当代先进生产力，它以劳动者、劳动资料、劳动对象及其优化组合的质变为基本内涵，以全要素生产率提升为核心标志。全要素生产率是和单要素生产率相对而言的，顾名思义，单要素生产率指产出与单一要素投入之比，全要素生产率是产出与综合要素投入之比。全要素生产率提高主要是指扣除资本、劳动等生产要素投入贡献后，由技术进步、管理水平、劳动力素质、要素使用效率等其他因素的改进与革新带来的产出增加，反映了各生产要素的综合利用效能，体现了经济增长的质量和效益。

杨德龙在《经济杂志》2024 年第 1 期撰文提出，根据中国人民银行在 2021 年提供的数据，1978—2020 年全要素生产率对我国经济增长的贡献率达到 36.6%，低于资本要素的贡献率 44.1%，但高于劳动要素贡献。全要素生产率在 2002—2007 年对经济增长的拉动作用较大，贡献率达到 45.1%；此后逐步下降，2008—2012 年为 33.1%，2013—2020 年为 25%。提高全要素生产率可以从两个角度出发，一是通过技术进步实现生产效率的提高；二是通过生产要素的重新组合实现资源配置效率的提高。前者依赖于科技创新，后者依赖于制度改革带来的红利释放。

根据王璐等《中国农户农业生产全要素生产率研究》，[①]1995—2017 年全国整体农业全要素生产率呈上升趋势，年均增速在 1.87% 至 2.68% 之间。农业生产资源配置效率逐年改善，资源配置效率改善的贡献率从 19% 上升至 31%。这种配置改善主要来源于持续从事农业生产的农户之间的资源流动。

实践证明，在日趋激烈的国际竞争中，谁能在全球范围内率先有效集聚和配置人才、知识、管理、技术、数据等创新要素，谁就能在发展中取得主动，谁就能在新领域新赛道的开辟中占得新机，谁就能率先培育出新质生产力。

实现供给保障强。只有全方位夯实粮食安全根基，才能有强大的产出能力和供给保障能力，"农业强国"首先要供给保障强，这是建设农业强国的基础，也是首要任务。要加强党的领导，坚持农业农村优先发展，坚持社会主义基本经济制度，完善农村产权制度和要素市场配置，坚持城乡融合，走和平发展之路，提高农产品与乡村经济活动的融合度，实现农业高

---

① 王璐等：《中国农户农业生产全要素生产率研究》，《管理世界》2020 年第 12 期。

质量发展，要拓展对农业内涵的认识。解决吃饭问题，不能光盯着有限的耕地，要把思路打开，树立大食物观，构建多元化食物供给体系。在保障国家粮食安全的前提下，不断挖掘与满足市场对农业的多元化需求，丰富农产品供给结构。要提高农产品适应度，增加农产品文化含量，赋予农产品知识含量，开发多样化农产品，实现农产品由土变特，提升农产品价值。要以农业为基础，实现一、二、三产业深度交叉融合发展，打破传统农业单一生产模式，走生态低碳发展道路，发展休闲农业、生态农业、数字农业、订单农业、中央厨房等新业态，充分开发农业多种功能，挖掘乡村多元价值，提高乡村经济活动适应度。

实现科技装备强。强大的科技和装备是农业强国建设的核心动力，要强化科技创新和制度创新，将做强现代农业科技和装备支撑作为关键引擎，增强农业战略科技力量，完善国家农业科技创新体系，大力推动高水平农业科技自立自强。同时，要充分发挥高校、院所、企业以及现代农业园区的创新引领和辐射带动作用，推动创新主体有效协作、实现农业创新链与产业链有机融合、形成农业技术扩散推广应用的有效模式，大幅提升农业科技创新体系整体效能，为建设农业强国提供关键支撑。

实现经营体系强。面对农村千家万户的经营主体和极度分散的资源资产，要大力发展新型农业经营主体和社会化服务，强化乡村吸纳要素载体建设，发展股份合作制经济组织，推进资源资产价值化、资本化，延长农业的产业链、拓宽供应链、提升价值链和改善生态链，建立利益联结机制，使小农户能够在产业经营体系中分享到更多的增值收益。推进"一县一业"的农业产业革命，2022年12月，习近平总书记在中央农村工作会议上强调，"产业振兴是乡村振兴的重中之重，也是实际工作的切入点"。① 中国的农业因为人地关系制约，长期处于小、散、杂状态，导致农业产业化弱、同质化强、市场化能力弱。必须推进以产业规模化为牵引的农业产业革命。各个县（市、区）应基于自身资源优势，形成规模化主导产业，在产业规

---

① 《习近平论"三农"工作和乡村振兴战略（2022年）》，"学习强国"学习平台，https://www.xuexi.cn/lgpage/detail/index.html?id=3383386776194887154&item_id=3383386776194887154。

模化基础上形成土地适度经营规模化，进而围绕"一业"推进生产要素组合和升级，形成"一县一业"的产业体系，即在产业和土地适度规模化基础上，形成加工、储藏、研发一体的产业体系。

实现产业韧性强。产业发展韧性强是一个特定产业可持续发展的根本保障，反映的是市场供给安全与乡村产业可持续发展的安全。要继续提高农业生产率，基于我国要素禀赋特性，提高农村的土地生产率、土地报酬、劳动生产率和全要素生产率，就必须加快城乡要素流动，提高资源配置效率。我国人多地少，提高土地生产率必须从长计议，要提高土地利用率，促进土地适度规模经营，实现地尽其用；要提高土地报酬，实现从提高单位土地产出向提高土地报酬的转变；要提高劳动生产率，提高每个农业劳动者的增加值，提升农业劳动效率；要提高农业全要素生产率，增强种业竞争力，改进农业技术适配性，提升农业装备效率。中国农业能够经受住重大自然灾害、极端气候变化，能够经受住国外市场剧烈波动，要加大财政资金投入和引领力度，大力推进农业政策性保险和农产品价格保险，确保粮食和重要农产品安全。

实现竞争能力强。目前，我国农业竞争力突出表现为农产品质量标准、产后流通、加工、营销等环节竞争力不足等。要畅通城乡要素流动，城市支援农村、工业反哺农业，补上加工营销的短板，全面提升发展质量效益，保持经济持续健康发展；破除城乡二元体制，解决困扰农业和乡村结构转型的制度性障碍，在此基础上实现农业要素重组和升级、产业组织和产业形态变革。进一步促进农业就业份额与农业产值份额同比例下降，必须提高农民市民化程度，实现进城农民平等就业和平等分享公共服务，让农二代真正融入城镇，享受到住房、医疗和教育等保障，成为真正的城里人。不断提高农业回报率，提升农业人力资本，吸引更多企业家关注农业、发展农业，成为农业企业家，鼓励在外的农村青年和退休干部回乡创业、从事现代农业，加大有质量的农民培训，提升他们与现代农业的衔接能力。提高农业生产要素组合效率，提高农业各要素的匹配度，提高农业要素配置效率。加快建设现代化流通体系，推动劳动力、土地、资本、技术、数据等各类经济要素在城乡之间自由流动和配置，改变乡村要素单向流出格局，加快建设创新引领、协同发展的农业现代产业体系、生产体系和经营体系；金融服务于实体经济，把资本市场的金融活水引入农村地区，提升区域经济发展平衡性，进一步缩小城乡差距，持续增进民生福祉，为共同富裕开辟道路。

第二节　畅通县域城乡要素流动的重要意义

一、有助于深入推进要素市场化改革

推进县域要素市场化改革，是加快完善社会主义市场经济体制，加快构建统一开放、竞争有序的现代化市场体系的必然要求，是坚持和完善社会主义基本经济制度、加快完善社会主义市场经济体制的重要内容，也是构建"以国内大循环为主体，国内国际双循环相互促进"的必然要求。从要素市场看，县域城乡要素流动的根本原因是通过利益获取与分配交易，为乡村产业发展赋能，为乡村振兴提供核心发展动能。

首先，畅通县域城乡要素流动，必须让价格机制真正引导要素配置。建设高标准市场体系，根本途径是推进要素市场化配置改革，使价格机制真正引导要素配置，提升要素配置效率。在党的十八届三中全会通过的《中共中央关于全面深化改革若干重大问题的决定》的《说明》中，有如下论述："市场决定资源配置是市场经济的一般规律，市场经济本质上就是市场决定资源配置的经济。"

所谓要素市场配置，是指在市场经济条件下，根据市场规则、市场价格、市场竞争等来进行要素配置，以期实现效益最大化。所谓要素配置扭曲，是指市场在没有外部干预的情况下，由市场垄断、市场分割、信息不对称等市场自身不完善所引发的要素偏离最优配置状态，造成生产效率低下，引发全要素生产率损失，进而诱发经济结构失衡，制约经济发展质量提升。

健全要素市场化配置体制机制，最重要的是加快要素价格市场化改革，

健全要素市场运行机制，推动要素配置依据市场规则、市场价格、市场竞争实现效益最大化和效率最优化。价格机制是市场机制的核心。中共中央、国务院《关于构建更加完善的要素市场化配置体制机制的意见》明确指出"推动政府定价机制由制定具体价格水平向制定定价规则转变"，也就是政府从"定价格"向"定规则"转变，充分体现了最大限度发挥市场决定价格的改革方向。

其次，畅通县域城乡要素流动，必须深入开展要素市场化配置综合改革试点。健全要素市场体系，扩大配置范围，对劳动力、土地、资本、技术、数据等生产要素，要实现要素价格市场决定、流动自主有序、配置高效公平。改革的核心目标是消除要素配置扭曲，把要素配置到生产率更高领域，使经济达到潜在生产可能性边界。其中劳动力市场化配置改革重在推进劳动力城乡流动和人才社会性流动，资本要素市场化配置改革重在深化资本市场改革，土地要素市场化配置改革重在集体经营性建设用地入市和农村土地"三权分置"改革。对技术、数据等现代生产要素，改革的核心目标是推动产业技术变革，加快产业数字化智能化改造和先进技术扩散，使我国潜在生产可能性边界达到国际前沿水平。其中技术要素市场化配置改革重在探索科技成果产权激励制度改革；数据要素市场化配置改革重在数据产权界定和数据交易市场培育。要健全通过劳动力、资本、土地、技术、数据等生产要素获取报酬的市场化机制。

总体上看，在推进要素市场体系全国统一市场建设上发力，推动经营性土地、劳动力、资本等要素市场实现自由有序流动，在城乡全国范围配置；加快技术和数据等要素统一市场建设，探索建立数据资源产权、交易流通、跨境传输和安全等基础制度和标准规范；加快要素价格市场化改革，健全要素市场运行机制。

第三，畅通县域城乡要素流动，必须要推动要素市场化配置协调发展。事实上，劳动力、资本、土地、技术、数据等要素市场体系是一个相互联系、相互作用的有机统一体，在要素市场化配置改革中，我们不仅要关注单一要素市场建设及配置问题，还要关注要素市场化配置协调发展问题。2021年12月21日，国务院办公厅发布的《要素市场化配置综合改革试点总体方案》明确提出"推动各领域要素市场化配置改革举措相互配合、相互促进，提高不同要素资源的组合配置效率"。其实在深化要素市场化改革，建设高标准市场体系中，离不开劳动力、土地、资本、技术、数据市场的结构优化和协同推进，各要素在市场机制下的产业内部存在互促共进的互动关系。其中劳动力是企业生产运营、技术进步的基本要素，劳动力有效供给、劳动力成本以及劳动力素质结构直接影响着产业结构的转型和技术成果的转化。资本是通过市场机制推动生产要素流动的核心动力，其充裕程度直接影响着产业发展所需的劳动力素质和技术水平，决定着乡村产业形式能否在全要素条件下维持生产。技术、数据市场水平是产业转型升级、企业竞争力提升的直接体现，技术进步带来产业的转型升级，促进资本要素流动，同时对传统低端劳动力造成挤压效应，对劳动力素质要求提高，推动劳动力素质结构发生转变。劳动力、资本、土地、技术和数据是驱动城乡融合，促进经济增长的要素资源，在供给侧的协调配合和整合优化下，对于我国纵深推进要素市场化改革至关重要。

总之，完善县域要素市场是构建全国统一大市场的重要组成部分，是深化市场化改革的重点任务。而建设高效规范、公平竞争、充分开放的全国统一大市场，是坚持扩大内需战略、构建新发展格局、建设高水平社会主义市场经济体制的内在要求。因此，加快推进要素市场化配置改革，对于转变农业农村经济发展方式、优化经济结构、转换经济增长动力，加快建设农业强国，具有重要意义。

二、有助于建设现代农业产业化体系

大国家小农户、大农业小生产、大产业小组织是我国农业的现状，而农村的发展问题千头万绪、错综复杂。传统农业在实现小农经济自给自足的基础上，很少有农业剩余，因此对经济增长的贡献十分有限。畅通县域城乡要素流动，将加快农业现代化产业体系的建设步伐。农业现代化产业主要依靠包括土地、劳动力、资本、技术、数据、制度等一系列不断改进的要素应用于传统农业中引发的变革和更新，表现为农业劳动力素质提高、农业生产机械化的普及等，具体体现为农业劳动生产率提高，农业产出率显著上升，农产品商品率明显提高。农村三产融合的发展改变了以往经营规模小、生产成本高、经济效益低的传统农业经济，为农业现代化建设提供产业发展的保障。

首先，从国家粮食安全底线看，农业生产资源短缺，人均资源不足，农业资源环境约束日益强大。我国的淡水资源约占全球总资源的 6%，地下水长期严重超采，在华北地区已形成约 18 万平方公里的世界上最大的"漏斗区"。我国现有耕地 19.18 亿亩，占全球耕地总面积的 9%。以全球 6% 的淡水、9% 的耕地，要保障全球 18% 以上的人口吃饭。目前我国总体消费占全球 40%，每天要吃 70 万吨粮食、23 万吨肉、9.8 万吨油、192 万吨蔬菜。其中蔬菜、水果、鸡蛋消费人均世界第一，肉消费人均排在前 10 位。2023 年全年社会消费品零售总额达到 471495 亿元，比上年增长 7.2%。全国居民人均消费支出 26796 元，比上年名义增长 9.2%，扣除价格因素实际增长 9.0%。全国居民人均食品烟酒消费支出占人均消费支出比重（恩格尔系数）为 29.8%，其中城镇为 28.8%，农村为 32.4%。

如果说民以食为天，那么食以安为先。由于我国农业生产经营管理粗放，过度使用化肥、农药、除草剂、地膜、转基因生产粮食，土地污染加重，粮食质量在下降。化肥施用安全上限的国际标准是 225 千克／公顷，我国农作物的化肥施用量达 506.11 千克／公顷，是英国的 2.05 倍、美国的 3.69 倍。全球平均农作物农药使用量为 5 千克／公顷，我国农作物农药使用量为 10.3 千克／公顷，是美国的 4.6 倍，日本的 2.7 倍。中国人均每年"吃"化肥 40 斤，"吃"农药 5 斤，中国的化肥吸收率只有 30%，农药的吸收率只有 40%，80 余种疾病与农业制剂残留有关。必须防止生态失衡造成食品安全的问题，危害人民的饮食健康。如何在资源环境硬约束下，保障农产品有效供给和质量安全、提升农业可持续发展能力，是必须应对的一个重大挑战。

城乡二元结构依然存在，城乡发展差距仍未缩小，在部分中西部地区，农民对农业生产的投入依然集中于土地和劳动要素的投入，存在外延式扩大生产、粗放经营、超载放牧等现象，农村的"短板"一定程度上限制了农业快速发展；农业产业结构不合理，农业生产风险大，在延长产业链、拓宽供应链、提高价值链、改善生态链的过程中，维护农业产业安全风险大。

特别是国内农业生产成本快速攀升，农业生产成本较高，农户利润薄，农产品价格居高不下，农业比较利益下降；2018 年，我国稻谷、小麦、玉米、大豆的生产成本分别比美国高出 47%、53%、116%、139%。历史上我国"南粮北运"格局，今天已转变为"北粮南运"，物流成本占到粮食销售价格的 30%，比发达国家高出 1 倍左右。大宗农产品价格普遍高于国际市场，按配额外最惠国税率计算，进口到岸税后价低于国内市场价格，关税配额将失去对国内粮食生产的保护作用。2020 年中国粮食进口量创下近十年来历史之最，进口粮食数量接近 1.4 亿吨，占当年国内总产量的 20.8%，超过 1/5。2020 年玉米进口量是 2018 年的 3 倍，小麦进口量是 2018 年的 2.5 倍，大豆更是达到惊人的 1 亿吨，而 2014 年时才 7000 万吨。尤其是在中美摩擦加剧的当下，我国大豆进口高度依赖美国，极易形成"受制于人"的被动局面，对我国粮食安全构成一定威胁。仓廪实，天下安。如何在"双重挤压"下，创新农业支持保护政策、提高农业竞争力，是必须面对的一个重大考验。

其次，从防止规模性返贫的底线看，作为乡村振兴的主体，必须是组织起来的亿万中国农民。从百年历史看，中国农民存在的"贫、愚、弱、散、懒"的问题得到了有效的解决，贫有百样，困有千种。贫是一个生产力问题，脱贫攻坚解决了困扰中国农民千百年来的绝对贫困，但相对贫困将会长期存在。得益于精准扶贫等"益贫式公共政策"，2022 年，脱贫地区农民人均可支配收入达到 15111 元，增长 7.5%，比全国农民人均可支配收入增速高 1.2 个百分点。脱贫人口人均收入达到 14342 元，同比增长 14.3%，比全国农民可支配收入增速高 8 个百分点。愚是一个知识力的问题，中华人民共和国成立后识字班、九年义务教育的普及，中国农民文化程度普遍提高。弱是一个健康力的问题，农村医疗制度的普及和实施健康中国战略，人均寿命 2022 年达到 78.3 岁，但因病致贫仍是防返贫的重要因素。散是一个团结力问题，必须把广大农民组织起来，团结奋斗。懒是一个内生动力不足问题，必须消除精神上的贫困。精神是一个民族赖以生存的灵魂，人无精神不立，国无精神则不强。为此，如何防止规模性返贫，进一步巩固脱贫攻坚成果，是一个必须高度重视的重大问题。

随着我国工业化、城镇化进程加快，大量青壮劳动力从农村向城镇转移，留在农村从事农业生产的劳动力总体呈现老龄化的趋势，种粮意愿普遍较低，土地撂荒情况时有发生，造成资源浪费。农村剩余劳动力转移面临较多难点，乡镇企业对劳动力吸纳能力逐渐减弱，农村劳动力素质偏低导致就业岗位选择面狭窄，直接影响到城乡经济发展和社会稳定。60后勉强种、70后不愿种、80后不会种、90后不提种，未来中国的土地，谁来种、怎么种、种什么、为谁种，是一个迫切要解决的重大问题。

第三，从土地资源价值化看，传统农业的小规模、分散化经营逐渐演变成土地集约化经营和适度规模化经营，一定程度上降低农业生产成本，全面提高土地生产效率，是乡村产业振兴的加速器。土地是乡村的核心资源，乡村振兴需要深化农村土地制度改革，使土地制度适应新发展格局下城乡融合发展的需求。城乡融合发展，表现为劳动力转移的大规模减少、城镇和乡村资源公平配置、公共服务趋同，农村土地制度与户籍制度实际上是联动的，因此，应推进农村土地资源的价值化、资本化，助力农村进城务工人员定居城市。

2022年末，我国常住人口城镇化率为65.22%，户籍人口城镇化率为45.4%，二者的差距高达19.82个百分点，这似乎表明"经济吸纳、社会排斥"的"半城市化"模式仍在延续。从地域上看，中国幅员辽阔，东部沿海地区、中西部的自然禀赋差异巨大。笔者在中西部地区的进一步观察则发现，"半城市化"正在转变为"职住分离"的城镇化模式，这种模式的核心特征是"就业都市化"与"住房城镇化"。在早期的"半城市化"模式下，农民工在城市务工，用农村的宅基地建房；而在"职住分离"的城镇化模式下，农民工在大城市务工，在小城镇置业。前者是在城乡二元空间中完成劳动力的再生产，后者是在城镇二元空间中完成劳动力的再生产。从大城市的户籍制度来看，两种模式下的农民工似乎并无区别；但从生活方式和生活质量的角度来看，后一种模式下的农民工福利得到了一定的改善，他们通过在小城镇置业使自己的家庭能够获得更好的教育、医疗资源。

第四，从金融的角度看，资本下乡是发展乡村产业的重要推动力。一方面，长期以来，资本都是向城市特别是大城市聚集，乡村"失血"严重，资本不足成为制约乡村经济社会发展的短板。另一方面，面对农村千家万户的经营主体和极度分散的资源资产，城市资本和工商企业渴望进军乡村，但往往是"望农兴叹"，进不去，也干不好；乡村盼望与城市资本和工商企业合作，但往往是高攀不上，缺乏组织平台和合作机制。城乡融合发展就是要打破人为设置的城乡边界，以市场畅通城乡要素流动，健全城乡融合发展体制机制。近年来，随着城乡融合发展的推进，城乡资源要素流动加速，城乡互动联系增强，如何在新型城镇化深入发展的背景下，加快乡村产业振兴的步伐，实现共同繁荣，共同富裕，是必须解决好的一个重大问题。

三、有助于全面推进乡村振兴

乡村振兴事关中国式现代化发展全局，要立足国情农情，体现中国特色，才能加快建设中国式现代化农业强国的进程。"中国式现代化道路"是对中国现代化道路的崭新定义。中国现代化的成功既体现了世界各国现代化的共性，譬如市场化改革、重视教育投入和基础设施建设；也有鲜明的中国特色，譬如渐进式改革、政策试点、注重中长期规划、兼顾效率与公平，其中最为显著的特点是坚持和发展中国特色社会主义。正因为这一现代化道路具有鲜明的中国特色，才会被称为"中国式现代化"。

首先，超大规模社会的共同富裕是乡村振兴的基本特征。中国社会的一个显著特点就在于其巨大的人口规模。从人口上看，中国过去一直是世界第一人口大国。"中国式现代化"是在一个人口超大规模社会实现共同富裕，这无疑是一个世界级难题。根据国家统计局 2020 年底公布的第七次全国人口普查结果，我国目前有农业户籍人口 7.8 亿人，其中 40% 的人口生活在市域中，60% 的人口生活在乡村中。随着中国劳动力短缺和社会老龄化的出现，不管是供给还是需求都将面临紧缩，同时抑制农村经济的增长，其结果，县域经济增长率下滑，县域财政收入减少。如何实现这部分人的共同富裕是中国式现代化必须回答的重大命题。

改革开放以来中国从收入差距很小的"扁平社会"转向"精细分层社会"。一方面，中国拥有全球最庞大的中等收入群体；另一方面，中国社会90%的人月收入在5000元以下。在一个人口规模巨大的社会实现共同富裕，几乎是一个"不可能完成的任务"。需要特别注意的是，中国的城乡差距是历史形成的。

在收入层面，城镇居民和农村居民人均可支配收入均不断增长，但差距较大。10年来我国农村居民收入增速连续快于城镇，城乡居民收入差距有所缩小，但是2022年收入倍差仍高达2.45。

在公共服务层面，城乡差距同样巨大。城乡不平衡的最突出表现是基本公共服务不均衡，这种不均衡表现在资源布局、能力提供和服务质量上，涉及教育、医疗、养老、公共文化服务和社会保障制度等各个方面。可以说，公共服务短板已经成为制约乡村发展的主要障碍。

近年来，我们看到一个可喜的变化，就是城乡的收入差距和公共服务差距在迅速缩小。2022年农民人均可支配收入增长速度快于城镇居民，农民人均可支配收入20133元，比上年名义增长6.3%，比城镇居民增长高2.4个百分点。中央多次强调，要切实改善农村公共服务。在提高农村教育质量、加强农村基层医疗卫生服务、加强农村社会保障、改善乡村公共文化服务等方面做出了明确要求，并逐步取得实效。

党的十八大以来，以习近平同志为核心的党中央致力于实现"共同富裕"。2021年8月17日，习近平总书记在主持召开中央财经委员会第十次会议时指出："共同富裕是社会主义的本质要求，是中国式现代化的重要特征。"[①] 在省部级主要领导干部学习贯彻党的十九届五中全会精神专题研讨班开班式上，习近平总书记强调，"实现共同富裕不仅是经济问题，而且是关

---

① 《习近平主持召开中央财经委员会第十次会议》，中国政府网，https://www.gov.cn/xinwen/2021-08/17/content_5631780.htm。

系党的执政基础的重大政治问题"。[①] 从精准扶贫到乡村振兴，都在努力缩小地区之间、城乡之间和居民之间的收入差距；前者基本解决了绝对贫困问题，后者正在逐步缓解相对贫困问题。从这个意义上讲，乡村振兴正在完成一个前无古人的伟大创举，即实现一个超大规模社会的共同富裕。中国共产党领导下的中国人民所追求的共同富裕，是物质文明、政治文明、精神文明、社会文明、生态文明的协调发展。只有实现这一目标，才是对西方资本主义文明的全面超越，才是人类文明新形态。实现共同富裕是社会主义的本质要求，而要实现共同富裕，乡村振兴是必经之路。

其次，城乡融合与要素流动是乡村振兴的核心因素。乡村振兴与新型城镇化都是以人为中心的，而不是以资本为中心的，人的自由全面发展要优先于资本的增殖。这也是中国古代经世济民的思想。具体而言，这里的"人"既包括村民，也包括专业人才。一方面，要促进农业转移人口市民化；另一方面，要鼓励专业人才投身农业农村发展，形成工农互促、城乡互补、协调发展、共同繁荣的新型工农城乡关系。乡村振兴要优先保障村民的利益，通过土地入股分红、租金、工资等多元化收入使村民富起来，不断缩小城乡收入差距，实现共同富裕；要吸纳乡村振兴所需要的专业人才，通过人力资本的集聚带动农村的产业聚集与产业升级。

当前我国乡村的大部分问题都与城市化的模式有关。症状在村庄，根源在城市。长期以来，我国实行的是"经济吸纳，社会排斥"的半城市化模式。在这种模式下，农民进入城市，从事非农职业，但仍然摆脱不了农民身份，目前有 2.9 亿农民工。半城市化实际上是一种行政主导的城市化。在这种模式下，一个人是不是城市需要的人才，不是由市场决定的，而是由政府部门来认定的。符合政府设定的标准的，给予户籍或居住证，可以享受城市的公共服务和社会福利；不符合标准的，则被定义为流动人口，被排斥在公共服务体系之外。这种模式产生了一系列问题，主要包括对农民工的制度性歧视问题、劳动力市场的二元分割、流动儿童的教育问题、留守儿童的问题、老年农民工的养老和医疗问题等。不可否认，在城市化

---

① 《习近平：深入学习坚决贯彻党的十九届五中全会精神 确保全面建设社会主义现代化国家开好局》，中国政府网，https://www.gov.cn/xinwen/2021-01/11/content_5578954.htm。

时代，乡村有着不可替代的价值，但要真正解决乡村问题，需要重建城乡关系，需要基于人口自由迁徙的城镇化。需要在农村自主发展的条件下，加大政府的转移支付力度和再分配职能，逐步实现公共服务的均等化，使农民在权利和福利层面与市民等值。只有打破地区间和城乡间的市场分割，促使生产要素（特别是劳动力）跨地区自由流动，缩小城乡差距和地区差距，我国的新型城镇化进程才能更加健康，城乡关系才能更加和谐，农民的生活质量才能不断改善。

第三，顶层设计、地方创新与农民主体多方联动是乡村振兴的方法。乡村振兴是一个系统工程，需要顶层设计与地方创新相结合。从顶层设计看，首先要促进城乡之间的要素流动，逐步实现人口、技术、资本、信息等要素的双向无障碍流动，从而改变长期以来的城乡二元格局，变城乡"剪刀差"模式为城乡融合发展模式。

县城正在成为中国城镇化的一个重要引擎，也是乡村振兴的重要抓手。从笔者的调研来看，县城以相对低的房价、相对好的基础设施和公共服务体系，吸引了大量的农民工置业。但县域经济的规模又无法为这些农民工提供充分的就业机会，因此，无法实现"就地城市化"，农民工的流向仍以大城市为主。"职住分离"的城镇化给县城带来了房地产市场的繁荣，同时也带来了巨大的公共服务压力。以中部地区某县为例，近年来县城的义务教育阶段学生急剧膨胀，而乡村学校的生源急剧萎缩，县城的学生数多达34000人，其中最大规模的学校人数多达5400人；其他24个乡镇的中小学生加起来不过71000人，多数学校的学生总数在30人到300人之间。有的乡村学校已经消失。一方面是教育资源的需求日益旺盛；另一方面是优质生源和师资向省会和地级市集聚，县城优质教育资源逐步流失。"看病难，看病贵"的问题同样突出，随着交通便利化，县级医院的声誉处于下降趋势，乡镇医院举步维艰，部分农村医疗点空白，同时医疗保险覆盖面不广，保障水平较低。由于大城市落户仍有一定门槛，高昂的房价和生活成本也会制约农民工在大城市的定居意愿，"职住分离"的城市化或许会持续较长一段时间。县城是农民工进城置业的主要目的地，但县城恰恰也是我国城市公共服务体系中较为薄弱的环节。

因此，在促进城乡融合发展的进程中，中西部地区要以县城为突破口，东部发达地区则要以镇为突破口，让县城、镇的公共服务体系更好地辐射农村；同时，应充分运用市场机制盘活存量土地和低效用地，深化农村宅基地制度改革试点，深入推进建设用地改革，完善城乡建设用地增减挂钩政策，为乡村振兴和城乡融合发展提供土地要素保障。要构建初次分配、再分配、三次分配协调配套的基础性制度安排。通过市场机制，引导生产要素流向乡村和农业，创造更多的就业机会，切实提高农民的收入；通过再分配机制，进一步完善税收制度，合理调节收入分配格局，增加公共服务支出比重，逐步将户籍与社会保障脱钩，实现城乡公共服务均等化，尤其是加大农村地区的人力资本投资；通过公益机制，鼓励企业和个人进行慈善捐赠，缩小各阶层的收入差距。从地方创新看，乡村振兴需要因地制宜，充分发挥地方政府和农民的积极性。规模和异质性决定了我国的乡村振兴不可能有一个统一模式，需要处理好"一"和"多"的关系，所谓"一"就是党的集中统一领导和顶层设计；所谓"多"就是充分尊重农民的首创精神和村庄发展模式的多样性。

本章小结

畅通城乡要素流动的研究是在党的二十大擘画了以中国式现代化全面推进中华民族伟大复兴的宏伟蓝图，全面建设社会主义现代化国家，最艰巨最繁重的任务仍然在农村的重要判断的大背景下，随着我国经济已转向高质量发展的新阶段，经济总量成为世界第二大经济体，我国基本矛盾转变、"三农"工作重心历史性转移，在中国式现代化建设农业强国的背景下，农业现代化不仅是中国式现代化不可或缺的重要组成部分，也是中国式现代化必须解决的制约短板，更是确保中国式现代化能够行稳致远的关键保障。实现城乡融合发展，畅通城乡要素流动的研究意义，在于以要素赋能乡村产业发展，大力发展新质生产力，提升全要素生产率，推动经济高质量发展。劳动力、资本、土地、技术、数据五大生产要素以及所谓要素市场配置，是指在市场经济条件下，根据市场规则、市场价格、市场竞争等来进行要素配置，以期实现效益最大化。推动政府从"定价格"向"定规则"转变，最大限度发挥市场决定价格的改革方向。所谓要素配置扭曲，是指市场在没有外部干预的情况下，由市场垄断、市场分割、信息不对称等市场自身不完善所引发的要素偏离最优配置状态，造成生产效率低下，引发全要素生产率损失，进而诱发经济结构失衡，制约经济发展质量提升。健全要素市场化配置体制机制，最重要的是加快要素价格市场化改革，健全要素市场运行机制，推动要素配置依据市场规则、市场价格、市场竞争实现效益最大化和效率最优化。价格机制是市场机制的核心。畅通城乡要素流动，建设高标准市场体系，根本途径是推进要素市场化配置改革，必须让价格机制真正引导要素配置，提升要素配置效率。这将有助于深入推进要素市场化改革，有助于建设现代农业产业化体系，有助于守住粮食安全和防止规模性返贫的底线，有助于全面推进乡村振兴。

第三章　畅通县域城乡要素流动的理论基础

马克思指出："理论在一个国家实现的程度，总是取决于理论满足这个国家的需要的程度。"高质量发展需要新的生产力理论来指导，县域城乡要素流动理论，既是一个创新性的理论问题，也是一个重大的经济实践活动。理论来源于实践，又高于实践，并能指导实践。

第一节　城乡要素流动的相关理论

一、马克思再生产四个环节理论和资本周转理论

马克思政治经济学认为，再生产四个环节是再生产过程中所经历的生产、分配、交换和消费四个环节。所谓生产就是指以一定的生产关系联系起来的人们改造自然、创造物质资料的过程。它是人类社会存在和发展的基础。所谓分配即产品在社会集团和成员间的分配。所谓交换通常是指人们在等值基础上的商品交换。分配和交换都是社会再生产过程的重要环节。产品生产出来以后，必须经过分配和交换，才能最后进入消费，因而，分配和交换是联结生产和消费的中间环节。所谓消费通常是指人们为满足个人生活需要而消费各种物质资料和精神产品，它是恢复和发展劳动力所必不可少的条件，因而也是保证生产过程不断进行的前提。如果说生产是再生产过程的起点，消费就是它的终点。

生产、分配、交换和消费是社会再生产有机整体的组成部分，既相互联系，又相互制约。其中生产居于支配地位，起着决定的主导的作用。生产对分配、交换、消费的决定作用，主要表现在以下两个方面：（1）生产决定着分配、交换、消费的数量和方式；（2）生产的性质决定分配、交换和消费的性质。但是，分配、交换和消费，也不是消极的因素，它们对生产也有反作用。

社会生产既然是一个连续不断的过程，产品生产出来是为了消费的，只有通过分配和交换，最终进入消费，生产过程才能重新开始。为了保证社会再生产顺利进行，必须使生产、分配、交换和消费相互协调和衔接。这充分说明了，城乡要素流动的根本原因是通过利益获取与分配交易，为乡村振兴提供核心发展动能。

资本周转理论是马克思政治经济学的重要组成部分，资本周转理论的基本内涵包括资本循环和资本周转。资本循环是指产业资本依次经过购买、生产和销售三个阶段，并相应采取货币资本、生产资本和商品资本三种职能形式，实现价值增值，又回到原出发点的运动过程；资本周转是指周而复始、连续不断的资本循环，产业资本经过反复循环带着盈利回到投资者手中的运动。马克思资本周转理论不仅揭示了资本周转的资本主义性质，而且揭示了社会化大生产和市场经济运动的某些共同规律，这对建设中国特色社会主义要素市场有着重大的现实意义。

二、马克思生产力的三要素理论

决定生产力高低的因素有三个：劳动者、劳动资料与劳动对象。马克思认为生产力与三个要素的关系是这样的：生产力 = 劳动者 + 生产工具 + 劳动对象。

劳动者是具有一定的生产能力、劳动技能和生产经验、参与社会生产过程的人，既包括体力劳动者，也包括以各种方式参与物质生产过程的脑力劳动者。劳动资料是劳动者用以作用于劳动对象的物或物的综合体，其中以生产工具为主，也包括人们在生产过程中所必要的其他物质条件，如土地、生产建筑物、动力、交通运输等。劳动对象是指生产过程中被加工的东西，包括直接从自然界中获得的资料和经过劳动加工而创造出来的原材料。劳动资料和劳动对象统称生产资料。科学技术也是生产力，并在生产力的发展中起着日益重要的作用。在生产力系统中，劳动者是人的要素，生产资料是物的要素，两者均不可缺少，但起着不同的作用。在人与物的关系中，人是能动的要素，是人创造物，使用物，不断改进和提高物的性能。生产资料只有同劳动者相结合才能发挥作用。正是人的劳动引起、调整和控制人和自然之间的物质交换过程。物的要素也十分重要。其中，生产工具直接反映了人们改造自然的深度和广度；标志着生产力的性质和发展水平，它不仅是衡量人类劳动力发展的客观尺度，而且是社会经济发展阶段的指示器。

生产力要素和生产要素是有区别的。生产力要素更侧重于描述生产过程中人的因素和物的因素的结合。强调劳动者与劳动资料、劳动对象的结合形成现实生产力。生产力要素的发展包括原有生产要素的更新和新生产要素的加入。2024年1月31日，习近平总书记在中共中央政治局第十一次集体学习时强调，"高质量发展需要新的生产力理论来指导"，新质生产力是"由技术革命性突破、生产要素创新性配置、产业深度转型升级而催生，以劳动者、劳动资料、劳动对象及其优化组合的跃升为基本内涵，以全要素生产率大幅提升为核心标志"。[①]生产要素则更广泛地涵盖了进行物质生产所需的各种资源，包括劳动力、土地、资本、技术等。生产要素的内涵随着社会经济的发展而不断丰富，新的生产要素如技术、数据等不断被纳入生产要素的范畴。

为此，在畅通城乡要素流动的研究中，不能把生产力要素等同于生产要素，因为生产要素的内容比生产力要素的内容广泛得多，比如在市场经济中资本是重要的生产要素，但是资本在本质上是生产关系，不是生产力。我国社会主要矛盾已经转化为人民日益增长的美好生活需要和不平衡不充

---

① 《习近平在中共中央政治局第十一次集体学习时强调：加快发展新质生产力 扎实推进高质量发展》，中国政府网，https://www.gov.cn/yaowen/liebiao/202402/content_6929446.htm。

分的发展之间的矛盾。为了解决这个矛盾，必须坚持以人民为中心的发展思想，不断促进人的全面发展和全体人民共同富裕。

三、生产要素理论

生产要素是经济学中的一个基本范畴，包括人的因素、物的因素及其结合因素。生产要素是指进行社会生产经营活动时所需要的各种社会资源，是维系国民经济运行及市场主体生产经营过程中所必须具备的基本因素。党的十八届三中全会通过的《中共中央关于全面深化改革若干重大问题的决定》中说："市场决定资源配置是市场经济的一般规律，市场经济本质上就是市场决定资源配置的经济。"生产要素包括劳动力、土地、资本、技术、数据五种。这些生产要素进行市场交换，形成各种各样的生产要素价格及其体系。

我们国家走的是中国特色社会主义市场经济的道路。中国式现代化的市场体系要形成高标准的市场体系，市场体系是由商品及服务市场和土地、劳动力、资本、技术、数据等要素市场构成的有机整体，包含着两个层次。第一个层次：高标准的商品及服务市场体系。它包含着商品的生产、分配、流通、消费的全过程。第二个层次：要素市场体系。包含着要素的配置、定价、流转和要素的各方面的使用价值的发挥。确定地说，我国经过 40 多年的改革开放，高标准的商品及服务市场体系已经基本形成，趋于完善。我们要完善的是生产要素市场体系。

生产要素市场是指生产要素交易的场所及其交换关系的总和。生产要素市场是现代化经济体系的核心环节，包括了由土地、劳动力、资本、技术、数据等要素构成的房地产市场、劳动力市场、金融市场（资本市场）、技术市场、数据市场、产权市场等。生产要素市场不同于商品及服务市场，要素市场对生产要素的需求是商品及服务市场的需求所决定的派生需求，消费者对最终产品的需求会间接影响企业对生产要素需求。

要素市场和商品及服务市场的区别：一是供求换位。在商品及服务市场上，买方是家庭，卖方是企业。在要素市场上，家庭变成卖方，企业变成买方，供求互相换位。二是需求互异。家庭对商品及服务的需求是直接需求，直接用于满足自己的需要；企业对要素的需求是派生需求，是获利目的产生的间接需求。三是价格不同。商品及服务价格是所有价格，由同一商品及服务的市场供求所决定；要素价格是使用价格，由全社会有关市场的供求关系共同决定。例如，企业贷款的价格是利率，由全社会对资金的供求决定，利率只是一定时间的资金使用价格，并非所有价格，到期必须还本付息。四是收入不同。商品及服务价格决定企业的收入，有待进一步分配；但要素价格直接决定家庭的收入，要素价格问题也就是收入分配问题。这对于壮大农村集体经济，分好"蛋糕"，多渠道提高农民收入至关重要。

理论界对生产要素有多种看法，现代西方经济学认为生产要素包括劳动力、土地、资本、企业家四种。西方经济学中也有生产要素的所谓二元论、三元论、四元论、五元论、六元论。随着科技的发展和知识产权制度的建立，知识、技术、信息、数据也作为相对独立的要素投入生产。这些生产要素进行市场交换，形成各种各样的生产要素价格及其体系。这些内容随着时代的发展也在不断演进和深化。

经济学家威廉·配第在其代表作《赋税论》中提出"劳动是财富之父，土地是财富之母"的命题。虽然他没有明确提出"生产要素二元论"，但实际上他已经将土地和劳动作为生产的两个要素。在此之后，经济学家亚当·斯密又将资本列为生产要素之一，并在他的代表作《国富论》中提出"无论在什么社会，商品的价格归根结底都分解成为这三个部分（即劳动、资本和土地）"，形成了"生产要素三元论"。19世纪末20世纪初西方经济学家马歇尔在其著作《经济学原理》中将组织作为第四生产要素，与劳动、资本、土地共同构成"生产要素四元论"。后来的经济学家又将技术列为第五生产要素，从而将"生产四元素"提升到"生产五元素"。20世纪80年代，我国著名学者徐寿波提出六种资源，即人力、财力、物力、运力、自然力和时力，被称为"生产要素六元论"。还有一些学者将信息归为第六要素，认为劳动、土地、资本、组织、技术、信息为生产的六要素。

中国人民大学出版社出版的高鸿业教授主编的《西方经济学》教科书，

给生产要素下的权威定义是：在西方经济学中，生产要素一般被划分为劳动、土地、资本和企业家这四种类型，劳动是指人类在生产过程中体力和智力的总和。土地不仅仅指一般意义上的土地，还包括地上和地下的一切自然资源，如江河湖泊森林海洋矿藏等。资本可以表示为实物形态和货币形态，实物形态又被称为投资品或资本品，如厂房、机器、动力燃料、原材料等；资本的货币形态通常称为货币资本。法国经济学家萨伊创造了"企业家"这个词。他认为，企业家的使命是"将经济资源从生产力和产出较低的领域转移到较高的领域"。而在熊彼特看来，企业家是市场经济的灵魂，是创新、生产要素"新组合"及经济发展的主要组织者和贡献者。我国经济学家张维迎提出，企业家才是经济增长的国王。现在通常更看重的是企业家组建和经营管理企业的才能。企业家时常会面临来自市场和竞争的焦虑，这些焦虑来自预期和信心，来自某种不确定性。

近几年随着民间投资增速大幅下滑、股市低迷，我们能够感受到这种焦虑，当民营企业家初次面对 PPP 时，掂量与权衡地方政府会不会守信用时，这种焦虑隐隐约约；当混改刚刚启动，面对"谁来混谁"又或者"国资流失"争论，焦虑就在言谈之中。我们必须要有足够的耐心，呵护与见证企业家群体的生长。在市场对他们做出最终选择之前，我们要做的就是打造良好的营商环境，有效地保护其财产和创新权益，使其在"亲""清"的新型政商关系下，自主地在开放市场上参与公平竞争。

河北资本研究会首席经济学家史玉强经过 20 年的研究，在其《"四资"运作》一书中指出，在经济发展进入成熟的市场经济阶段，特别是进入资本时代后，生产要素的存在形式就表现为资源、资产、资本、资金。由资源、资产的物质形态和资金、资本的价值形态共同形成生产要素的存在形式。"四资"全面、准确地揭示了生产要素的内涵，它的可计量、可交易、可流转的属性和优势赋予生产要素新的功能。

今天，中国经济正在经历史诗般的一跃，建设中国式的现代化强国，这将使中国经济从投资主导、转向依赖于科技创新和技术驱动，通过全要素生产率的提升，实现从资本积累到技术创新的转换。这样的一跃需要强有力的支撑。阿基米德曾经说过，给我一个支点，我可以撬动整个地球。

对于中国的乡村经济而言，我们拥有的这个支点，就是如何畅通县域城乡要素的流动，全面提升全要素生产率，实现绿色农业高质量发展。

综上所述，我们认为，在生产要素理论上，马克思理论与西方经济学的观点是基本一致的。都认为土地、劳动力、资本、技术等因素构成了生产要素。我国乡村长期潜在增长率取决于劳动力、土地、资本、技术、数据"五大"财富源泉。从县域城乡要素流动的现实需要看，资源、资产、资金、资本的本源和归属是生产要素，基本概括了这"五大"财富源泉的内涵。2015年12月召开的中央农村工作会议，强调要通过资源变股权、资金变股金、农民变股东，把闲置和低效的农村资源、资金有效利用起来，给农民创造财富，要探索农村集体产权改革模式，破解农村发展难题，催生乡村产业裂变。从资源（人力、物力、财力）开发利用的效率出发，使资源要素实现最优配置，以要素赋能乡村产业发展，提升经济增长的质量和数量，落脚点是为农民增收，按照供给侧结构性改革的要求，从供给、生产端入手，通过解放生产力、激活蛰伏的发展潜力，挖掘财富源泉，增加资源供给，大力发展新质生产力，培育支撑经济高质量发展的生产要素。这是"资源要素嬗变"运作的着力点，也是避免"中等收入陷阱"，实现国民经济高质量发展的必经之路。惟其如此，一切劳动、知识、技术、管理、资本的活力才能竞相迸发，一切创造社会财富的源泉才能充分尽情涌流，让发展更多更公平地惠及全体人民。

第二节　城乡要素的概念和内涵

恩格斯提出："一门科学提出的每一种新见解，都包含着这门科学的术语的革命。"概念、命题、范畴，是特定理论体系的标志，是把握特定理论体系的基础工具。"术语的革命"体现出对既有理论体系的突破，又是一种崭新理论形态的开显。从概念上讲，资源、资产、资金、资本、农民的每个要素都是一个经济学的概念，有丰富的内涵，可以自成体系，也是一个相互联系、相互作用、相互转化的有机统一体。我们从要素市场、价值形态和金融理论的新视角，对生产要素进行新的考察，发现由资源、资产、资金、资本和农民构成的县域城乡要素市场，与传统的劳动力、土地、资本、技术、数据五大要素市场基本对应；同样具有可配置、可定价、可转变、可交易、可获利的属性以及使用价值的发挥，赋予了生产要素崭新的功能，我们从边际效应和边界效应上，将资源、资产、资金、资本和农民界定为县域城乡要素流动研究的概念，全面、准确地揭示了城乡要素流动的新内涵。

一、资源市场

资源，是指一国或一定地区内拥有的物力、财力、人力等各种物质要素的总称，是可资利用的自然物质或人力，是人类生存发展和享受所需要的一切物质和非物质的要素。

资源有狭义和广义之分：狭义资源是指在一定的时间、地点条件下，能够产生经济价值的自然环境因素和条件的总称，具有某种稀缺性是其特点。广义资源是指人类用来帮助从事一定活动，以及达到一定目的的一切要素和有利条件的总和，包括可以贮存、节约的资源（如资金、材料、能源）和不可贮存、节约的资源（如时间、注意力、记忆力、思维能力）。

一般资源从类别上可以分为四种。

（一）自然资源：指自然界中人类可以直接获得的用于生产和生活的物质，包括不可更新资源（如矿物、化石燃料）、可更新资源（如生物、水、土地、森林、草原、动物、矿藏）和取之不尽的资源（如空气、风力、太阳能）。

（二）社会资源：指直接或间接对生产发生作用的社会经济因素。如经营管理、组织形式、劳动力、资本、市场、人才、法律、政策、道德等。

（三）经济资源：包括生活资料和生产资料，如原材料、机器、设施、能源、交通等，这些资源是经人类劳动后的产物。

（四）知识资源：指科学、技术、数据、文化、信息等，是从社会资源中分化出来的，与劳动力、资本、市场同等重要，成为最重要的生产要素。

资源的本质是指自然界和人类社会中一种可以用以创造物质财富和精神财富的，具有一定量的积累的客观存在形态，是生产要素的代名词。资源因为具有使用价值的性质，才产生了转变为资产、资金、资本的潜能。在人类经济活动中，各种各样的资源之间相互联系，相互制约，形成了一个结构复杂的资源系统。每一种资源内部又有自己的子系统，资源系统可从性质、用途等不同角度进行不同的分类。只有我们正确处理这个资源子系统与其它子系统之间的关系时，才能高效利用这种资源。

按照经济属性，资源被划分为自然及生态环境资源、人力资源和加工资源；按照自然属性，分为土地资源、矿山资源、森林资源、海洋资源、石油资源等；按照社会属性，分为人力资源、技术资源、智力资源、权力性资源等；按照资源用途，分为农业资源、工业资源、数据资源、信息资源（含服务性资源）；按照资源状况，分为现实资源、潜在资源、废物资源；按照资源的再生性角度，可划分为再生资源和非再生资源。

自然资源的最新概念包括三个层次的内容：一是生态环境资源，传统自然资源包括土地、矿产、水资源等，也包括农民自留地的荒山、草地、林地、水面等。根据农业农村部的统计，截至 2022 年底，我国乡镇、村、组三级共有农村集体经济组织约 96 万个，集体经济组织成员约 9 亿人，涉及集体土地等资源 65.5 亿亩。二是建立在自然资源基础之上的环境容量资源，污染与破坏容量的归属、开发、利用、如何流转等一系列相对完整的实施规则系统。如排污权、污染物排放总量控制指标的市场化转让权等。三是生态美感及舒适性生态环境资源，指森林、风景名胜区、自然保护区、疗养区、森林公园、自然遗迹和人文遗迹等区域具有特殊美感和舒适性的生态环境功能，这些生态功能不是通过实物形态为人类服务，而是以脱离其实物载体的一种相对独立的功能形式存在。

随着科学技术的高速发展，科技成果转化为产品的速度大大加快，形成了知识形态生产力的物化，人类认识资源的能力以及开发富有资源替代短缺资源的能力大大地增强。如页岩气、可燃冰、干热岩的开发利用，可以大大缓解对石油的需求；太阳能、风力发电等清洁能源的普及，可以代替煤的发电。因此，自然资源的作用正在退居次要地位，科学技术成为经济发展的决定性因素。现在最紧缺的资源是技术与数据、信息与人才，信息和人才资源日益成为人们争夺的重点。

自然资源市场是指为了满足人类需要而开发利用自然资源的市场。在这个市场中，各种资源如石油、煤炭、天然气、金属矿产等被交易和定价。自然资源是人类社会发展的基础，在资源市场中，自然资源的供需关系直接影响到市场价格。另外，随着环境保护意识的增强，低碳经济和可再生能源也逐渐成为自然资源市场的一部分。

在当今社会，资源市场扮演着重要的角色。资源市场是指在宏观经济背景下，各类资源在供需关系的调控下进行交易的市场。这些资源包括自然资源、劳动力和资本等。通过资源市场，企业可以获取生产所需的各种资源，从而提高生产效率和经济效益。

在中国式现代化前进的道路上，我们既要注重将自然资源转化为资产、资金、资本，更要重视将技术、信息、数据等知识性资源转化为现实资产。我们不仅需要盘活资源的交易平台，更需要推动知识产权交易所、科研成果转化中心、环境交易中心、数字资产交易所等资源交易市场主体的建设，加快知识形态的资源物化为新质生产力的发展速度。

二、资产市场

资产，是企业过去的交易或者事项形成的，由企业拥有或控制的能够用货币计量，并能够给企业带来经济利益的经济资源。

简单地说，资产就是企业的资源。包括各种财产、债权和其他权利。它是企业从事生产经营活动的物质基础，资产是产权明晰，所有者明确，可用货币计量并可交易的物质和非物质资源。资产是价值链的物质要素，是价值载体，是企业从事生产经营活动的物质基础。资产按照流动性可划分为流动资产、固定资产、长期资产、无形资产和其他资产等。不能带来经济利益的资源不能作为资产，是企业的权利。资产的前端是资源，经市场配置到企业环节，变成资产。国家把资产的原始属性定义为资源，为企业所拥有和控制、能够计价并能带来经济效益的资源就成为资产。这是资源与资产的内在关系和属性区别，由此产生了资产的三个要义：

（一）资产的现实属性。资产是一项由过去的交易或者事项形成的资源。资产必须是现实的资产，而不能是预期的资产。也就是说，只有过去的交易或事项才能形成资产，企业预期在未来发生的交易或者事项不形成资产。

（二）资产的经济属性。即能够为企业提供未来经济利益，不管是有形的还是无形的，要成为资产，必须具备能产生经济利益的能力，无效资产、不良资产不能算资产，要剥离出去。

（三）资产的法律属性。资产必须为企业所拥有或可控制，资产所产生的经济价值能可靠地流入该企业，为该企业提供服务能力，而不在于企业必须拥有所有权。如租赁资产、土地托管产生的利润就属于控制权。资产必须具有实用性和营利性，进而还要追求优良化，这是资产的本质属性。

按以上属性，一般资产可分为以下几类：

实物资产，也称自营资产，是指企业直接用于生产物品和提供服务的资产，为企业创造净利润，包括：土地、建筑物、知识、用于生产产品的机械设备和运用这些资源所必需的技术工人。

权益资产，包括：（1）实收资本。企业的实收资本是指投资者按照企业章程，或合同、协议的约定，实际投入企业的资本。所有者向企业投入的资本，在一般情况下无须偿还，可以长期周转使用。（2）资本公积。资本本身升值或其他原因而产生的投资者的共同的权益，包括：资本（或股本）溢价、接受捐赠资产、外币资本折算差额等。（3）盈余公积。企业从实现的利润中提取或形成的留存于企业内部的积累。（4）未分配利润。企业留于以后年度分配的利润或待分配利润。

股权资产，在资本市场条件下，企业除自营外，还有对其他企业投资，对外投资产生了股权资产。这种投资可以分为直接投资和间接投资两类。

债券资产，它是指在法律性质上，具有资产属性的各种债权，是各种经济法律主体在货币财产其他财产的融通过程中形成的，享有增值性收益债权的财产。债权资产是以转让资产使用权的方式实现的，其具体形式主要包括：各种存款和贷款活动中，以转让货币使用权的形式形成的债权资产；各种商品交换中，以转让商品所有权的形式形成的债权资产；以及其他经济活动中所形成的债权资产。债务资产，它是指债权人提供的短期和长期贷款，不包括应付账款、应付票据和其他应付账款等商业信用负债。使用债务资产可以降低企业资本成本，从投资者角度看，股权投资风险大于债权投资，其要求的报酬率就会相应提高。因此，债务资产的成本要明显低于权益资本。在一定限度内，合理提高债务融资比例，可以降低企业的综合资本成本。

金融资产，在资本市场条件下，企业为优化资产配置，除投资其他企业外，还要将自己的资产转化为资金投向资本市场，实现了资金转化为资本，产生金融资产。金融资产是实物资产的对称，是单位或个人所拥有的以价值形态存在的资产，是一种索取实物资产的无形的权利，是一切可以在有组织的金融市场上进行交易、具有现实价格和未来估价的金融资产。包括：权益类资产、固定收益资产和现金类资产。2018年4月27日，人行、银保监会、证监会、外汇局等部门正式颁发《关于规范金融机构资产管理业务的指导意见》，我国资管新规正式落地。

资产具有驱动融资的功能，资产在从事生产经营的同时，要发挥融资的功能。资产以其重置价值和创造未来预期收益的折现值为价值基础达到融资目的，使企业资产实现充分运用。截至2022年底，根据农业农村部统计，我国农村集体资产7.7万亿元，其中经营性资产3.5万亿元。资产高度集中在村级，占总资产的75.7%。为此，我们需要进一步盘活3.5万亿元的经营性资产，加快农村产权市场的建设步伐。

资产重组是指企业资产的拥有者、控制者与企业外部的经济主体进行的，对企业资产的分布状态进行重新组合、调整、配置的过程，或对设在企业资产上的权利进行重新配置的过程。2008年3月24日，中国证券监督管理委员会令第53号，颁布了《上市公司重大资产重组管理办法》。资产重组是整合农村资源资产资金、实施资本化运作的主要形式，是企业转型升级，做大做强的捷径。主要有以下几种方式：

（一）收购兼并。在我国收购兼并主要是指上市公司收购其他企业股权或资产、兼并其他企业，或采取定向扩股合并其他企业。它与我国上市公司的大宗股权转让概念不同。"股权转让"是在上市公司的股东层面上完成的，而收购兼并则是在上市公司的企业层面上进行的。兼并收购是我国上市公司资产重组当中使用最广泛的一种重组方式。

（二）股权转让。股权转让是上市公司资产重组的另一个重要方式。在我国股权转让主要是指上市公司的大宗股权转让，包括股权有偿转让、二级市场收购、行政无偿划拨和通过收购控股股东等形式。上市公司大宗股权转让后一般出现公司股东甚至董事会和经理层的变动，从而引入新的管理方式，调整原有公司业务，实现公司经营管理以及业务的升级。

（三）资产剥离。资产剥离或所拥有股权的出售是上市公司资产重组的一个重要方式。主要是指上市公司将其本身的一部分出售给目标公司而由此获得收益的行为。根据出售标的的差异，可划分为实物资产剥离和股权出售。资产剥离或所拥有股权的出售作为减少上市公司经营负担、改变上市公司经营方向的有力措施，经常被加以使用。在我国上市公司当中，相当一部分企业上市初期改制不彻底，带有大量的非经营性资产，为以后的资产剥离活动埋下了伏笔。

（四）资产置换。资产置换是上市公司资产重组的一个重要方式之一。在我国资产置换主要是指上市公司控股股东以优质资产或现金置换上市公司的存量呆滞资产，或以主营业务资产置换非主营业务资产等行为。资产置换被认为是各类资产重组方式当中效果最快、最明显的一种方式，经常被加以使用。上市公司资产置换行为非常普遍。

（五）其他。除了兼并收购、股权转让、资产剥离、资产置换等基本方式以外，根据资产重组的定义，我国还出现过以下几种重组方式：国有股回购、债务重组、托管、公司分拆、租赁等方式。其中值得一提的是"壳"重组和MBO不是一个单独的资产重组方式。因为这两种方式都是"股权转让"重组的一种结果。配股（包括实物配股）不是资产重组的一种方式，因为配股过程中，产权没有出现变化。虽然在增发股份的过程中产权发生了变化，但根据约定俗成，把增发股份当作一种融资行为，而不当作资产重组行为。上市公司投资参股当中的新设投资属于上市公司投资行为，而对已有企业的投资参股则是"兼并收购"的一种。

三、资金市场

资金，以货币流动周转的价值形态存在，是货币形态的生产要素，也是资源、资产、资本的载体，在进行相互周转中，创造新价值，更是增加社会剩余产品价值的媒介和血液。按政治经济学的定义，货币（资金）具有交换媒介、价值尺度、支付手段、价值储藏（投资）和世界货币五项职能。货币资金通过交换媒介、价值尺度、支付手段、价值储藏四个功能推动资源资产化、资产资金化、资金资本化周而复始地运动。

资金的传统形式——货币资金，它是指存在于货币形态的资金，包括现金、银行存款和其他货币资金。货币资金是企业资金运动的起点和终点，是企业生产经营的先决条件，随着再生产过程的进行，会形成频繁的货币收支。企业在取得现金投资、接受现金捐赠、取得银行借款、销售产品后取得货款收入等，会形成货币资金的收入；在购买材料、支付工资、支付其他费用、归还借款以及上缴税金等，会形成货币支出。

数字货币是信用货币发展到一定阶段的产物，从本质上都属于信用货币。发行数字货币将重塑整个经济金融体系，大大加速了金融资产转换速度，提高了资源、资产、资金转变资本的效率。

资金市场，又称"货币借贷市场"，是指金融市场的一种，是经营借贷资本的贷出与借入的市场。通过这种市场，可调剂借贷资本的余缺，实现借贷资本的运用。

资金市场通常分为短期资金市场和长期资金市场。

短期资金市场主要经营一年以下的资金借贷，而长期资金市场则经营一年以上的资金借贷。由于借贷资本的来源和投放并不限于国内，因而借贷资本市场也分为国内借贷资本市场和国外借贷资本市场。借贷资本市场的利息，也就是资金价格，根据当时资本供应情况确定。

短期资金市场主要包括同业拆借、回购协议、票据市场、大额可转让定期存单市场和短期政府债券市场等。这些市场主要经营期限在一年以下的资金借贷，满足企业和个人短期融资需求。长期资金市场主要包括证券融资和经营一年以上的资金借贷和证券交易。这个市场也称为资本市场，主要包括股票市场和债券市场，以及其他中长期金融工具的市场。

　　资金链是指维系企业正常生产经营运转所需要的基本循环资金链条。现金—资产—资本（现金增值）的循环，是企业经营的过程，企业要维持运转，就必须保持这个良性循环的不断运转，谨防资金链断裂。资金周转要快，资金进入实体经济，转为资产、资本状态，资金还要退得出，不能长期停滞在这个阶段，资本周转速度的快慢直接影响剩余价值量的多少，资金周转的速度越快，资本增值的程度就越大。资金以什么方式、什么渠道流向实体经济，进入资源、资产、资本环节，是一个很重要的现实选择。

　　当下资金在金融体系自我循环、空转和沉淀，不能进入实体经济创造价值，成为影响绿色农业高质量发展的最大瓶颈。其原因是我国一直实行以银行贷款债权融资为主的融资体制，它适应的是有一定规模的重资产大中型企业。进入经济新常态化后，产业结构优化升级，产业组织呈小型化、智能化和专业化的新态势。尤其是乡村产业的发展更多依靠人力资本，质量和技术进步、创新成为驱动经济增长的新引擎。劳动力、技术和资本密集型的企业，大多以知识产权等无形资产呈现出来，难以提供足够的资产做抵押，且有生产周期长、风险大等特点，传统金融机构往往望而却步，银行资金找不到合格贷款标的；另一方面高科技、创新性、成长性中小企业一般都是轻资产，企业规模小，存在一定风险，不具备抵押贷款条件而等不到贷款。这就形成了一方面实体经济融资难、融资贵、融资慢，另一方面大量资金滞留在金融体系找不到出路而空转或沉淀，银行为维持生存，金融业"脱实向虚"也就在所难免。以债权融资方式为主的金融体系与经济高质量发展的矛盾日益凸显。这也是资金进不了实体经济的主要原因之一。

　　现金的持有量是一把双刃剑，一方面，现金的流动性最强，所以现金是最好的支付手段，现金持有量过少，就会危及企业的生存；另一方面，现金的营利性最差，所以持有现金是最奢侈的行为，现金持有量过多，就是让有限的现金资源处于闲置状态，会降低企业的盈利水平。巴菲特说："现金资产是一种非常可怕的长期资产，最终不会带来任何回报，而且肯定会贬值。"

"现金为王"是指资金的流动性具有的多重独特优势，即现金与资源、资产、资本相比，流动性最强，能即期支付、即期投入、即期购买和即期偿债。

现金流是企业的血液，好比人体内没有了血液便不能存活，对于一个企业来说，不管一个企业有多少固定资产，有多少库存，如果企业的现金周转不畅或调度不灵，甚至是资金链断裂，它便失去了经营下去的可能性。

流水不腐，户枢不蠹。既然现金流在企业中像血液一样不可缺少，那么，它必然要像我们人体中血液一样不断循环流动着，如果僵固在某一处，势必会造成血液的堵塞，血液流动不通，企业也便失去了活力，严重者，甚至会破产。同样，城和乡是相互依存的"命运共同体"，如果城市的资金流动不到乡村，就谈不上"以要素赋能乡村产业发展"。为此，加快资金市场（货币市场）的流动性尤为重要。

在资金市场，融资方式可以分为两类：债权融资和股权融资。从企业成本角度看，资金价格是关键。前者包括银行贷款和应付票据、应付账款等，后者主要指股票，发行债券、基金等融资。债权融资构成负债，企业要按期偿还约定的本息，债权人一般不参与企业的经营决策，对资金的运用也没有决策权。股权融资构成企业的自有资金，投资者有权参与企业的经营决策，有权获得企业的红利，但无权撤退资金。

当前，我国债权融资和股权融资一条腿长、一条腿短的矛盾比较突出，股权融资比例较低。我国经济已经进入股权时代、资本时代，迫切需要全面深化资本市场体系改革，为上市公司、发债融资企业、股权融资企业、债转股企业、资产重组企业等提供更多的股权融资支持，"耐心"资本成为民营企业家们的期盼。

四、资本市场

资本，在经济学意义上，是指用于生产的基本生产要素，即资金、厂房、设备、材料等物质资源。资本是能够带来剩余价值的价值。

马克思指出，资本的本质不是物，而是在物的外壳掩盖下的一种社会生产关系。马克思的这一观点揭示了资本的本质不仅仅是一种物质资源，而是一种通过占有生产资料来控制劳动过程和劳动产品的方式，从而实现对劳动者的剥削。资本在本质上是一种生产关系，运动和扩张是资本的固有本性。只有处于不断的运动与扩张中，资本才能够成为资本。产业资本通过购买、生产和销售阶段，不断地从一个阶段转向另一个阶段，从一种职能形式转化为另一种职能形式的循环过程，是生产过程和流通过程相统一的运动过程，资本运动越顺利越快，它所占有的剩余价值也就越多。

资本可做如下分类：按资本在剩余价值生产中所起的作用不同，可分为不变资本和可变资本；按资本的价值周转方式不同，可分为固定资本和流动资本；按资本所处的领域不同，可分为产业资本、商业资本、借贷资本和银行资本。

资本是人类生命赖以生存发展的基本条件，资本的运营为人类生活提供物质保障，资本积累推动着人类社会文明进步。当然，资本扩张也有其内在的规律和逻辑。正确认识和把握资本扩张的基本逻辑，引导资本有序运动，约束资本无序扩张，是在中国特色社会主义市场经济条件下，我国经济社会健康发展的基本要求。

资本问题是我国经济发展和社会进步的核心问题，也是在我们经济活动中被长期忽视的问题。著名经济学家德·索托在《资本的秘密》一书中，通过大量的田野调查和实验论证了资本的活化，即资本形成的关键在于财产权利的界定，在此基础上才能创造更多的资本；否则，只能处于休眠状态。为此，农村改革必须以完善产权制度和要素市场化配置为重点。

资本是"资源要素嬗变"运作的保障，处于价值链的高端。根据马克思提出的"资本所共有的规定性"，即资本共性，现代资本可以概括为：一是资本的功能在于增殖，资本是一种能自行增殖的价值。资源、资产、资金增值是加法，资本增值是乘法；二是资本是一种处于不断运动中的价值，资本只有运动才能增值；三是资本的生产过程是以生产要素组合升级为前提。投资者通过购买生产资料和劳动力，使二者结合生产出新的产品，实现价值增殖。

资本市场是指各类资本工具（包括股票、债券、衍生产品等）在供求机制的调节下进行交易和定价的市场。又称长期资金市场，是金融市场的重要组成部分。资本市场起源于资本主义经济体系，是企业融资和投资的重要渠道。通过各种金融工具的交易，企业可以筹集资金，提高生产能力和竞争力。资本市场还提供了风险分散和投资机会，让个人和机构可以进行投资并分享经济发展带来的红利。为此，人们常说"不把所有的鸡蛋放在同一个篮子里"，就是通过投资多元化，来防范风险。投资有风险，进入需谨慎。实践证明，银行业一旦发生挤兑挤提，也必然发生金融风险。

人们奋斗所争取的一切，都同他们的利益有关。资本运作是投资者（股东）、经营者（企业）、中介（资本市场）之间的分工合作的运动。资本运作的主体可以是资本的所有者，也可以是资本的经营者，还可以是金融中介组织，有时，政府也参与资本运作。以资本为手段，运用资本的使用价值，去撬动、控制、整合企业的资源、资产和资金等全部生产要素，实现资本价值升值。企业通过上市、发债、兼并、收购或者重组，积极引入外部资本，快速扩大规模，进入新领域，形成竞争优势；是用所有者的钱去发展自己。

资本运作的介入在企业发展过程中起到杠杆作用，发挥倍增效应。中介机构是"资本设计"，将企业产权货币化、证券化、资本化，使资产采取有价证券的形式，可以在资本市场上自由买卖。打破了实物资产的凝固和封闭状态，消除了生产要素部门间转移的障碍，使资源、资产、资金具有最大的流动性。资本具有一种神奇的力量，资源、资产、资金一旦转变为资本的形态，就使价值性质发生质的变化，财富数量出现乘数增长，成为生产力发展的核动力，一种主导的经济推动力。

资本形态是指资本关系在一定社会历史条件下的具体表现方式，是资本自身本性的具体、特殊的形式。在资本增值的过程中，资本必须通过具体的方式来实现自身的本性。

21世纪数字经济蓬勃发展，与之相应地产生了资本形态——数字资本，有学者甚至认为数字资本已经取代了金融资本成为主导资本形态。随着全球生态危机的加剧，自然的资本化成为应对之道，为自然资本的积累开辟了道路。当前，传统的货币资本、生产资本和商品资本在要素市场正在转化为数字资本、自然资本和金融资本，金融资本并与数字资本、自然资本融合在一起，已成为资本的新形态。

（一）数字资本

美国传播政治经济学家丹·席勒在 1999 年提出了"数字资本主义"的概念，认为数字资本主义是资本主义发展的最新阶段。资本主义的每个发展阶段必然有一种主导资本形态，商业资本、产业资本和金融资本曾依次占据主导地位。如果说数字经济的蓬勃发展，使 21 世纪进入数字资本主义阶段，那么数字资本就成为数字资本主义的主导资本形态。

蓝江在《如何思考全球数字资本主义》①一书中提出，"数字资本实际上就是由所有互联网的参与者的行为痕迹数据组成的行动者网络，但是这种网络一经形成，就仿佛具有了一种独立于各个行动者的权力。这种权力的厉害之处，不仅仅在于可以引导消费者的消费行为，而且可以直接作用于产业资本和金融资本；也就是说，大数据网络一旦转型为可以被占有和使用的权力，它就成为一种新的数字资本，这种数字资本正是今天资本主义的最新形态"。

数字资本具有独特的剥削方式。在达拉斯·史麦兹提出的受众劳动和受众商品化概念的基础上，克里斯蒂安·福克斯提出了"产消者"的概念，用于解释社交媒体对用户的剥削机制。福克斯认为，社交媒体用户的所有在线活动都被平台所记录，创造出一种数据商品，企业社交媒体将用户的数据商品出售给广告客户，价格高于他们投资的不变资本和可变资本。这种商品中包含的剩余价值部分是由用户、部分是由企业员工创造的。区别在于，用户都是无酬劳动，因此从货币的角度来讲，用户在被无限地剥削。数字资本采取了一种隐蔽的剥削方式，用户是生产商品和利润的生产性消费者——他们的用户劳动被剥削了。但这种剥削不像是劳作，更像是玩工，它发生在雇佣劳动之外的闲暇时间——它是无偿劳动和玩工劳动。因此，劳动时间延伸到休闲时间，休闲时间变成劳动时间。

一种新的经济模式必然会产生与之相应的资本形态，这种资本形态既

---

① 蓝江:《如何思考全球数字资本主义》，上海人民出版社，2024。

保留了资本的共性，也有新经济模式赋予的特性。因此，数字资本具有两面性。一方面，从生产力的角度看，数字资本是结合了数字技术的资本形态，数字资本的积累一定程度上能够促进生产力提高，从而为更高级的社会形态创造出物质基础。另一方面，从生产关系的角度看，数字资本利用数字技术建立起一套全新的剥削方式，使资本对劳动的剥削打破了一切时间、空间和生理的限制。

（二）自然资本

为了应对日益加深的生态危机，西方国家主流经济学界引入了自然资本的概念。自然资本的概念反映了将自然资本化的企图，其核心主张是通过市场方式解决生态危机问题，其主要目的是为过剩资本开辟新的积累空间。

自然资本的概念出现于19世纪，最初主要涉及物质和使用价值。比如，马克思在《德意志意识形态》中考察了中世纪"自然形成的资本"，从人类敬畏自然到人类改造自然，再到人与自然关系紧张对抗，最后到实现人与自然的和谐统一，强调了其与"以货币计算的资本"之间的区别。今天经济学家从交换价值的角度进行解读，将其视为金融化资本的一种形式。

约翰·贝拉米·福斯特认为，2021年9月到11月是对地球的金融掠夺的转折点，2021年联合国气候变化大会也在这段时间召开。这段时间发生了三个重要变化："格拉斯哥净零排放金融联盟"成立；联合国气候变化大会就《巴黎气候协定》第六条款的主要内容达成共识，为全球碳交易市场创造统一的金融规则；纽约证券交易所宣布发行一种与自然资产公司相关的新型证券。

牛津大学教授迪特尔·赫尔姆的《自然资本：为地球估值》一书集中体现了主流经济学对待自然资本的态度。书中对自然资本概念定义的相关表述是，"拒绝为自然资本进行经济定价可能会导致环境灾难。如果不为碳排放定价，那么一直以来的过度排放就会继续，从而产生灾难性的后果"。[①]

---

① 迪特尔·赫尔姆：《自然资本：为地球估值》，蔡晓璐、黄建华译，中国发展出版社，2017，第63页。

他认为自然资本是众多资产中的一类，引入自然资本的概念是一种使自然价值嵌入经济体系的方法。主张"为自然资本融资"，实现自然的金融化。

哈维指出，为了应对环境危机，西方国家曾引入"环境国家"的理念，但这一理念最终被新自由主义的"环境治理"理念所取代，后者始终确保资本积累的优先性。通过将所谓的绿色资本主义合法化，环境治理为资本积累创造了新的市场。自然资本概念是新自由主义生态治理术的一部分，本质上是以拯救生态环境之名行拯救资本主义之实，自然在实际上从属于资本，变成了资本积累的重要战略场域，资本包裹着绿色的外衣继续谋求剩余价值最大化，也就是通过"生态"这一场域来"修复"其本身的内在矛盾危机。

（三）现代金融资本

传统的金融资本概念主要涉及工业资本与银行资本的融合，且银行资本占据一定的优势。在希法亭看来，金融资本是"归银行支配的和由产业资本家使用的资本"。列宁指出，"生产的集中；从集中生长起来的垄断；银行和工业日益融合或者说长合在一起，——这就是金融资本产生的历史和这一概念的内容"。[①] 在希法亭和列宁之后，斯威齐主张用"垄断资本"替代金融资本，其继任者福斯特则将金融化阶段的垄断资本称为"垄断金融资本"。王伟光认为，当代资本主义的经济基础仍然是国际金融资本垄断，数字化、智能化等技术创新极大地促进了国际金融垄断资本的聚集和集中发展，强化了国际金融垄断资本对全球一切产业的渗透、融合和控制。

20世纪80年代以来，随着金融化的深入发展，金融资本的运动发生了三个方面的变化：物质生产领域的资本从事了更多以获利为目的的金融活动，即出现了非金融企业的金融化；金融资本在信息技术和金融创新的推动下，极大增强了在金融领域内自我积累和增殖的能力；金融资本日益向非物质生产领域渗透，开辟更多利润来源渠道。这些变化显然超出了"融合"意义上的传统金融资本概念，需要赋予这一概念新的内涵。

---

① 中共中央马克思恩格斯列宁斯大林著作编译局编《列宁选集》第 2 卷，人民出版社，2012，第 629 页。

我们认为，现代金融资本已经转变为一种纯粹的资本占有方式和收入榨取方式，即以金融资产的形式存在并通过金融渠道获取利润。现代金融资本日益远离了实际价值创造，以货币资本和虚拟资本的形式进行资本和收入的占有与积累。

在 2008 年全球危机中遭受重创的金融资本并未因此一蹶不振，资本主义国家的大规模救市资金的注入使其迅速恢复实力。金融危机爆发后，美国推行了"再工业化"政策，但新自由主义仍然牢牢占据主导地位，因此危机后美国经济金融化趋势尚未逆转，金融资本依然强势，在试图寻找以工业化为动力的积累模式未能成功后，原有的以金融资本为主导的资本主义积累模式依然稳定发挥作用。

2020 年初新冠疫情暴发后，美国股市发生暴跌，美联储再次充当了金融资本的拯救者，不仅承诺无限量购买政府债券，更史无前例地出手购买企业债。其结果是，正当美国的失业率飙升至大萧条以来的最高水平，失业人口将近 1700 万的时候，美国股市却在 2020 年 4 月 6 日至 10 日这一周经历了 1974 年以来的最大涨幅。华尔街仅 2020 年上半年的利润就比前一年增长了 82%。

（四）三种资本形态的性质及其融合

从资本循环的角度看，这三种资本形态都脱离了物质生产领域，属于马克思所说的"流通资本"。根据马克思的定义，流通资本是指用于商品流通过程中的资本，它包括商人手中持有的货币和商品。流通资本的主要功能是购买货币和销售商品，通过商品的买卖来获取利润。具体而言，金融资本是货币资本、生息资本运动的产物。以平台资本为代表的数字资本则主要属于商业资本的范畴，其通过发放定向广告，或者通过撮合交易并抽取佣金而获利。绿色资本实质上属于虚拟资本，碳交易的对象是二氧化碳的排放权，其背后并没有实际价值的创造，而是涉及将一笔收入流进行资本化。这三种资本形态的兴起表明，从强调价值的生产转向强调价值的分配。

数字资本、自然资本和金融资本日益紧密地交织在一起，有时甚至难以区分彼此。数字经济的发展和生态环境治理为金融资本提供了新的投资领域，金融资本与数字资本的结合产生了"数字经济的金融化"，金融资本与自然资本的结合则产生了"绿色金融"。

菲利佩·波萨·费雷拉认为，数字经济、物联网和金融化之间的联系是建立起一种反馈系统——金融资本的运动占有了数字时代创造的利润及其巨大的工具开发能力，这些工具则使金融能够扩展到新的领域。以风险资本为代表的金融资本在平台经济的发展中发挥了重要作用，有学者提出了"平台经济的金融化"概念。金融资本投资平台企业的目的是获得创业利润，因此极力提升平台企业未来上市后的市值，使平台企业呈现出"为估值而积累"的特征，表现为盲目扩大市场份额、圈地式抢占新领域和掠夺式生产数据。目前，我国地方政府各级各类平台的债务高达 65 万亿元，是必须要作为金融风险防范的重点。

马蒂厄·蒙塔尔班等认为，平台经济并不代表一种新的积累体制，而是内生于金融化新自由主义积累体制，仅仅是金融化积累体制的内在转型和加强版本；金融化为平台经济的发展创造了前提条件，平台经济则基于与之类似的制度等级结构，区块链和加密货币等技术也推动了金融化的发展。

中国社科院胡乐明和李连波在《21 世纪以来西方发达国家资本运动的新特点》① 一文中指出，21 世纪以来，随着数字技术、金融工具和数字经济的不断发展，西方发达国家的资本运动也必将出现新的变化。资本运动和资本积累始终遵循规模、空间和权力这三重基本逻辑，使得资本运动呈现出不同特点。准确把握其变化趋势可以进一步加深我们对资本运动一般规律的认识。

第一，正确认识各类资本形态。我们必须认识到，资本不是洪水猛兽，不能唯恐避之不及，任何资本形态的产生都是社会经济演变的产物，都会在特定历史阶段起到一定的进步作用；资本也不是包治百病的灵丹妙药，似乎任何社会问题交给资本就能完美解决，相反，资本主义大部分社会问

---

① 胡乐明、李连波：《21 世纪以来西方发达国家资本运动的新特点》，《世界社会科学》2023 年第 2 期。

题的产生和加剧都与资本密不可分。作为一种生产要素，资本具有推动生产力发展的巨大潜能，从而发挥"伟大的文明作用"。但是，作为一种生产关系，资本进步作用的发挥会不可避免地受到自身的限制。同时，我们要认识到，作为生产要素的资本与作为生产关系的资本实质上反映了物质财富生产与价值财富生产之间的关系。只有从物质财富生产的角度看，各种非劳动要素才会发生作用；但在价值财富生产问题上，只有劳动是价值唯一的实体和来源，其他的只是条件。

第二，发挥市场和政府的调节作用。资本为了攫取剩余价值，无限度地追逐剩余劳动，会无视一切法律、道德和环境的限制。同时，资本的扩张是一个创造性毁灭的过程。从微观来看，单个资本的扩张经受了市场的考验，无疑是合乎理性的。但从宏观来看，在缺乏有效引导和规范的情况下，无数个体资本的扩张行为往往会导致无序和混乱，即出现"市场失灵"。因此，必须进一步完善市场机制，健全市场体系，健全相关法律法规，营造公开透明的市场环境，从而充分发挥市场的调节作用。同时，必须加强政府的监督管理，反垄断、反暴利、反天价、反恶意炒作、反不正当竞争，加强对高收入的规范和调节，促进资本有序发展。

第三，发挥社会价值规范的引领作用。随着资本逻辑全面展开，资本会主导从日常生活到意识形态的一切领域，导致市场和政府"双重失灵"。因此，在畅通城乡要素流动中，引导资本有序运动，遏制资本无序扩张，必须加强社会建设，发挥社会价值规范的引领作用，以弥补市场理性与政府理性的局限，基于价值或正义的社会调节除了可以在狭义的社会领域发挥重要作用之外，也能够在市场和政府失灵的场所发挥作用，从而更好地约束资本的无序扩张。此外，还应规范和加强社会组织建设，完善和重塑社会价值规范与社会团结机制，充分发挥社会主义核心价值观的调节作用，将其打造为抵抗资本在乡村社会领域和文化领域扩张的坚强堡垒。

第四，只有社会主义市场经济才能成功驾驭资本。资本主义国家政府本质上是为资本服务的，资本主义无法抑制各类资本的无序扩张，也不可能阻碍资本通过各种方式榨取利润，更不会放弃资本支配一切的权力。数字经济、环境治理和金融部门构成了不同的投资领域，任何资本都可自由进入，但资本的进入不是为了推动数字经济发展或解决生态危机等社会问题，而是为了攫取最大利润。社会主义市场经济必然存在各种资本形态，但与资本主义的根本区别在于，社会主义市场经济以公有制为基础，主导资本形态为公有资本。公有资本消除了剥削性阶级关系，建立了平等的劳动关系。同时，公有资本服务于社会主义生产目的，成为国家调控经济和贯彻国家发展战略的有力杠杆。社会主义市场经济中的私有资本不可能掌握国民经济的命脉，更不能主导政治权力和意识形态，只能以平等的市场主体地位参与竞争，并接受国家的有效监督和社会的价值规范。因此，只有中国特色的社会主义市场经济才能成功驾驭资本，既发挥资本作为生产要素的积极作用，又能有效控制其消极作用。

五、农民市场

农民市场是农村劳动力市场的简称，属于人力资源市场的组成部分。农村劳动力市场是指农村地区的劳动力资源的配置和交易场所，包括农村劳动力的供给和需求、劳动力的流动和就业等。农村劳动力也是生产力的重要组成部分，农村劳动力市场的稳定运行对于经济发展至关重要。在农村劳动力市场中，人们通过劳动力的交易获得收入并提供劳务，同时也可以选择适合自己的岗位和就业机会。维护农村劳动力市场的稳定性和公平性，促进就业和人力资源的合理配置是农村劳动力市场的重要目标。

农村劳动力，是指农村人口中在劳动年龄以内，具有劳动能力并经常参加社会劳动的人数。包括乡村企业的劳动力、集体统一经营的劳动力、联户企业的劳动力和农民家庭经营的劳动力。

按农村经济部门可分为农业（农、林、牧、副、渔业）劳动力、工业劳动力、建筑业劳动力、交通运输业和邮电业劳动力、商业饮食业劳动力、服务业劳动力、科教文卫及社会福利事业劳动力等。

随着城乡融合发展进程的加快，农村劳动力市场出现供求关系较为紧张，就业机会少，工资水平低，就业稳定性差等问题。农村劳动力市场主要需求劳动力为农业生产、农村工业、乡村旅游等行业。但随着农业现代化进程加快，需求趋于多样化，如信息技术、电子商务等新兴工业也有劳动力需求。农村劳动力市场供给主要通过外出打工、务农、短期经营等方式。农村劳动力流动性大，一部分外出务工，一部分留在家乡从事农业生产。

农村劳动力市场面临的挑战包括结构性失业、人口老龄化、技能匹配不足和农村劳动力过剩等，出现自主流动与转移，部分农村劳动力处于"外出找钱无技，在家致富无门"的状况，就业情况与人口流动性、产业结构、政策支持等有密切关系。

劳动者是生产力中最活跃的因素，也就是说农村劳动力本身的素质决定着生产力的发展水平。增加劳动力资源供给，这不仅需要增加人口数量，涵养好人力资源，获取人口红利；还需要引进人才，提高人口素质，培养一大批懂农业、会管理、能掌握先进技术的新型职业农民，这是先进农业生产力最稀缺的资源；更需要加快县域农业人口市民化进程，促进农村人力资源向人力资本转化。

我国乡村振兴的主体是农民，在县域城乡要素流动中，要以双重价值维度衡量农业生产方式的现代化转变问题，一是解决城乡要素向农业生产过程的配置流动性问题，二是保障农民在中国式农业现代化发展中的主体地位和整体发展水平的提升问题。这是坚持以人民为中心，推进以人的综合素质全面提升、人的全面自由发展为核心的人口高质量发展。

第三节　城乡要素之间的关系、作用机理及规律

一、城乡要素之间的关系和作用机理

在畅通县域城乡要素流动研究中，我们以要素市场、价值形态和金融理论的新视角，在对传统的劳动力、土地、资本、技术、数据等生产要素重新认知的基础上，提出了由资源、资产、资金、资本和农民构成的县域城乡要素的存在形式，城乡要素就是资源要素，资源要素就是生产要素。

资源是基础、资产是核心、资金是血液、资本是动力、农民是主体，揭示了它们具有可配置、可定价、可转变、可交易、可获利的属性，赋予了生产要素新的功能。通过农民（主体）、政府（规则）、市场（价格）、企业（载体）、金融（血液）"五方"协调联动，整合农村资源、资产、资金，实施资本化运作，物力资本和人力资本的周转和流动性，在农业生产、分配、交换和消费再生产的过程中，城乡要素呈现出资源转变资产、资产转变资金、资金转变资本、农民转变股东的基本嬗变规律，实现了资源资产化、资产资金化、资金资本化、资本证券化的价值形态，增值变现退出，再进入下一个循环，每一个环节的转变都是一次生态价值的增值（简称"五方四变四化"），以"资源要素嬗变"运作的形式，推动城乡要素的有序流动和资源配置，提高了资源的开发利用效率。

史玉强先生在《"四资"运作》一书中提出，"从资本运作的一个'点'，扩展到资源、资产、资金、资本的一个'链'，这个'链'是产业链、供应链、价值链和生态链的组合，从一个要素的短循环，发展到四个要素的长循环，从资本金融领域拓展到自然资源、实体经济、消费领域等再生产过程"。

"资源要素嬗变"作用机理是在大力发展村集体经济中，以商品及服务形式在要素市场上通过利益获取与分配交易，推动城乡要素的有序流动和资源有效配置，实现要素重组与升级，从而形成一个发达的要素市场体系，畅通城乡要素流动和国民经济循环，引导要素协同向先进生产力集聚，实现绿色农业高质量发展。有利于推动以完善产权制度和要素市场化配置为重点的改革，有利于促进城乡资源要素市场化、资本化，有利于促进产权有效激励、要素自由流动、价格反应灵活、竞争公平有序和企业优胜劣汰，有利于建设农业现代化产业体系、生产体系、经营体系，以双重价值维度衡量农业生产方式的现代化转变问题，将市场无形之手、政府有形之手和农民勤劳之手紧紧握在一起，提高了农民进入要素市场的组织化程度，多渠道增加农民收入，推动着中国式农业现代化和乡村全面振兴。

"资源要素嬗变"运作是各类生产要素在我国城乡乃至全球范围内的交换流动，这也是中国经济"以国内大循环为主体，国内国际双循环相互促进"格局的具体特征。这是物质生产的过程，也是价值生产和增值的过程，形成一个闭环的价值链、资本生态链，"资源要素嬗变"运作是价值生态循环，是一个长链闭合循环，它们之间有清晰的逻辑演绎和转变关系。资源、资产、资金、资本、农民有天然的联系，是一个有机的整体，它们之间是一种相互转变的关系，在不停的转变中，推动着城乡要素的流动。市场经济越繁荣，金融越发达，资本市场越完善，农民与资源、资产、资金、资本的关系越紧密，互相转变的机制也越健全，转变的频率和效率也越高。这样的物质生态和价值生态的循环提高了资源的开发利用效率，有力推动了资源、人口、经济、资本、环境等各个因素的相互协调的经济的可持续发展，达到以自然资源保护和合理开发为基础，以新质生产力为动力，以少投入，多产出，更多增加社会财富为目标，以绿色农业高质量发展为着力点，形成了以改善和提高人民生活水平为目的的发展路径。

"资源要素嬗变"运作的动力是资本。当今社会，科技是第一生产力、人才是第一资源、创新是第一动力，而资本则是经济发展的第一推动力。加快建设农业强国，就必须认清和掌握"资源要素嬗变"运作的规律；要发挥市场在资源配置中的决定性作用和政府的引导性作用，打造有效市场和有为政府，建立工商资本入乡促进机制，引导工商资本提供资金、产业、技术等支持，促进资产、资金合理定价和资源要素有序流动的作用。通过资本市场推动产业结构调整和转型升级，按照乡村振兴的功能定位，持续推进农村改革发展，重塑城乡工农关系，以乡村振兴战略和新型城镇化战略创新协同发展为抓手，以缩小城乡发展差距和居民生活水平差距为目标，以完善产权制度和要素市场化配置为重点，化解发展不平衡、不充分的矛盾，实现乡村产业、人才、生态、文化、组织全面振兴。

二、"资源要素嬗变"运作的一般规律

我国乡村振兴的主体是农民，是以人民为中心的价值追求。市场配置要素资源是市场经济的一般规律，通过利益获取与分配是县域城乡要素流动的根本原因，其载体是通过集体经济组织形式，为绿色农业高质量发展

提供核心发展动能。

当前，农户与企业的契约、农户之间的合作及农户与社会化服务体系的联结，主要是"公司＋合作社＋农户"模式，在一定程度上都有利于促进城乡要素的流动。但是，这些组织形式仍不足以使农户充分组织起来，并为提升其市场主体地位提供保障，甚至一定程度上强化了农户的生产者弱势地位。

在充分发挥小农生产优势的基础上，重塑集体经济并将其楔入现代产业体系，使其以治理有效的市场主体身份，将农业生产和农民发展融入现代产业体系的整体构建进程中，整合农村资源资产资金，实施资本化运作，以集体经济的发展壮大进一步推动农户的有效组织化，通过组织体系的构建将分散生产经营的农民组织起来，共同参与农业产业化价值链条的拓展，这是推动我国农业生产方式现代化转变的关键。

因此，应进一步探索集体经济的有效实现形式，巩固统分结合的双层经营体制，并以现有组织为基础构建农民合作网络，形成分散生产与统一经营的最优结合，以及社会主义生产关系和生产力的良性互动。

集体经济作为我国农村社会主义生产关系的主要形式，能将分散经营的农户组织起来，改变分散、粗放的农业生产方式，解决由化肥农药随意施用、废弃物随意弃置等导致的生态污染和产品质量问题，促进农户深度参与现代农业产业化发展，并获取更多价值分配和发展成果，是促进劳动群众共同面对市场竞争、实现共同富裕的重要途径，也是构建现代农业产业体系、生产体系、经营体系，实现中国式农业现代化的重要载体。集体经济的发展对于解决乡村资源浪费和污染导致的治理难题，以及承接制度资源和各项发展支持政策、推进农村三产融合发展和带动分散小农户实现农业生产方式现代化转变具有积极意义。

在新发展阶段，以集体经济引领农业纵向一体化和横向一体化进程，在社会主义市场经济体制下将分散农户再次广泛地组织起来，既能推动农业人口向非农产业的有序转移，并保持农村作为国民经济发展"稳定器"和"蓄水池"的作用，降低供给侧结构性改革的社会成本，又能从根本上改变我国农业生产方式的粗放落后状态，形成农业发展的新动能、新业态、新模式，增强我国经济社会发展的基层动力。

集体经济引领下的现代化农业产业体系，将城乡要素配置在农业生产过程，并借助互联网和农业电子商务的发展，畅通农产品流通渠道，促进城乡社区联合，形成新的发展业态。同时，集体经济的发展壮大对于改变农村杂乱的人居环境、优化农村生产生活生态生命空间布局，以及形成对休闲农业、观光农业、乡村养老度假等潜在需求的有效供给，也有积极的先导作用。在此基础上，城乡要素流动的发展进程必然进一步加快，我国经济社会发展的不平衡、不充分状态也将逐渐消解。

目前，与《中华人民共和国农村集体经济组织法》的要求相比，我国大部分农村仍缺少实质性的、经营有效的集体经济。土地所有权、承包权、经营权实际上的物权化和"三权分置"改革对承包权与经营权经济权益的进一步明确，以及在农民组织化过程中过度依赖"私利"动机而忽视"公益"和对"自发性"的过分强调，导致集体所有经济权益在一定程度上曾被虚置化。

近年来，随着坚持农业农村优先发展的战略转向和工业反哺农业、城市支持乡村工作体系的建立，我国农村发展获得了大量的财政支持、项目扶持，农村基础设施和生产条件得到了极大改善，形成了庞大的集体资产。同时，在"村官"下乡、结对帮扶及鼓励返乡创业等政策支持下，资金、人才、技术、数据等资源不断向农业农村流入。这些为农村集体经济发展提供了新的发展机遇和空间。

在新发展阶段，依托集体经济推动中国式农业现代化，关键在于重塑集体经济组织形式，探索集体经济的多种实现途径，扬弃小农分散经营模式，巩固统分结合的双层经营体制；在保持个体经济发展积极性的同时，激发其合作积极性，提高其在市场经济中的参与程度和发展预期。应充分发挥市场机制作用，通过多种产权、债权、股权改革，将集体经济楔入中国式农业现代化发展进程，并采取多个层次、多种途径的实现方式，与家庭农场、小农户及社会资本形成包容共生的关系，在分散生产与统一经营的基础上，寻求两者有机结合的最优均衡，实现在集体经济引领下多种所有制形式的共同发展。为此，必须大力发展壮大农村集体经济，依托集体经济推动中国式农业现代化发展。

有效的组织体系是形成自下而上的组织动力和承接自上而下发展支持的主要载体。从农业生产方式现代化转变的双重价值维度——中国式农业现代化和农村社会主义经济基础的完善与发展的实践来看，实现小农户与现代农业的有效衔接，不能仅从中国式农业现代化的角度来理解和衡量，还要从农民参与中国式农业现代化发展的主体地位、农民发展条件的改善和农村社会主义生产关系的巩固与发展来评价。以双重价值维度衡量农业生产方式的现代化转变问题，一是解决城乡要素向农业生产过程的配置流动性问题，二是保障农民在中国式农业现代化发展中的主体地位和整体发展水平的提升问题。这不仅需要借助不同层次的合作形式或以社会分工为基础形成社会化服务体系，更需要形成实质性的、综合性的合作组织载体及其纵向联系的组织网络，以综合性的农民组织团体形成现代农业发展的主体动力，在与政府的功能结合中，提高中国式农业现代化发展的实施效能。

从"资源要素嬗变"运作的分工来看，资源主要掌握在政府、村集体和农户手里，政府职责是保护资源，促进合理开发，推进资源资产价值化、资本化，健全要素市场的运行机制，打造良好的营商环境；资产主要掌握在企业手里，是企业生产商品（农产品）、创造价值的物质基础；资金则更多掌握在金融机构和政府手中；资本由市场来运作，由市场决定要素价格机制。

因此，需要农民（主体）、政府（规则）、市场（价格）、企业（带动）、金融（血液）、村集体（组织）"六方"协调联动，统筹考虑各方面利益，确定产权价值，创新金融产品，细化服务措施，遵循"六方四变四化"的基本规律，提高农民进入要素市场的组织化程度，多渠道增加农民的财产性收入，从而顺利完成"资源要素嬗变"运作，畅通城乡要素流动，不断提升生产要素组合效率，唤醒农村沉睡的资源，盘活集体闲置的资产，激活银行沉淀的资金，撬动呆滞的社会资本，以要素赋能乡村农业产业发展，拉长产业链、拓宽供应链、提升价值链、改善生态链，以"四链"推动绿色农业高质量地发展，增加农民租金、薪金、股金"三金"收入，激发农村资源要素活力，优化城乡生产、生活、生态、生命"四生"融合发展空间。

在运作"资源要素嬗变"的过程中，要充分发挥政府的推动作用，要利用市场机制，政府合理配置所掌控的土地、矿产、能源、人力、科技、数据、生态等资源资产，推进资源资产价值化、资本化，特别是要发挥财政资金"四两拨千斤"的杠杆作用；要发挥市场配置资源的决定性作用，政府、企业、金融机构共同推动，建设多层次资本市场、金融市场、保险市场、产权市场体系等，扩大市场覆盖面，提高要素资本化率，并善于运用资本市场配置资源、资产和资金。要发挥企业的带农益农作用，企业从政府、农户和市场获得资源后，要通过股份合作制及时转变为有效资产；要发挥金融的撬动作用，金融机构要通过抵押或质押将企业资产盘活转化为企业的信贷资金，通过项目协同财政资金、企业自有资金一同投入到生产过程，将资金转变为升值更快的资本；要发挥农民在乡村振兴中的主体作用，以土地"三权分置"，加快农村产权制度改革，以股份合作制建立农民与企业的利益联结机制，优化人口、资源、产业布局，促进人力资源向人力资本的转变，加快农民进入现代化的进程。金融机构和企业不仅要为资源转变为资产、资产转变为资金，创造条件输送血液，促进资金回流到实体经济，防止资金沉淀和空转；还要善于及时将资金转变为资本，增值变现，退出市场，进入新的循环，并及时处理无效和风险资产。

实施"资源要素嬗变"运作的路径，如同商鞅说的，"穷则变，变则通"。当前，要围绕产业链、供应链、价值链、生态链以及现代农业园区，发挥股份合作制经济组织吸纳要素的作用，畅通城乡要素流动，聚集要素资源，激发农村资源要素活力，建链补链强链，推动农业产业组织和产业形态变革，探索让农民长期分享土地增值收益的有效途径。

第一步，由村集体经济组织发挥熟人社会的中介作用和集体资产的杠杆作用，借用企业上市股改完成股权设置及协商定价的制度，村集体经济组织在资源资产资金"三资"转为股权过程中发挥"保荐人"作用，作为村内部"三资整合者"，建立"初次定价"的一级产权市场，形成"归属清晰、权责明确、保护严格、流转顺畅"的现代产权制度。对资源清产核资颁证，按照土地"三权分置"的原则，在产权交易中心的价格指导下，农民通过土地"租赁收益＋合作社薪金＋入股分红"或通过土地托管、代耕、购买社会化服务，将土地经营权流转到村集体经济组织；将村集体经营性项目资产，按照"明晰所有权、放活经营权、落实监管权、确保收益权"的原则，量化到人、分红到户；将各类财政资金、帮扶资金和现有村集体资金等"以投转股"，根据一般农户、建档脱贫户、监测户三种不同的户类别，进行不同的折股量化，确定成员股份份额。把股本按资源股、资产股、资金股和其他分为四类，一般村集体持股（优先股）占40%，社员持股（普通股）占60%，完成社员大会、董事会、监事会的组建。

第二步，对外引资相当于形成二级债权市场，村集体经济组织承担村域资产管理公司的职能，将在内部完成了初次定价的资产，通过股权或债权"发包"给村内合作社，而合作社进一步引进外来的龙头企业和工商资本，通过股份合作制，以合作社为中介将分散的农户与工商企业予以对接，以股份量化为机制，将农户分散的资产经营权和使用权变为无差别的股权，与工商资本进行"耦合"，形成农户、合作社与社会资本合作 PPP 模式组合投资和多元化的开发机制。

第三步，将新型经营主体引入地方"场外交易"三级股权市场"乡村振兴板"或北京证券交易所"专精特新板"挂牌或上市，促发形成资产增值机制，推进资产证券化，权属可拆分可交易，投资人退出时，村集体经济组织做"回购商"，实现村集体资产的溢价增值收益。为城乡之间要素充分流动、农村三产融合打开通道，也可让农户获得资产性收益。

第四步，以村集体增收为根本出发点，在遵循"政府配置财政资金、市场配置社会资本"的原则下，以科技含量附加值高的产业项目为平台，推动资源变资产、资产变资金、资金变资本、农民变股东"四变"改革。

土地变资产，信用变资金。将沉睡的土地资源通过土地流转转化成企业的资产；通过林权、宅基地使用权和土地经营权抵押或质押贷款，将资产转化成信贷资金。建档立卡脱贫户通过农户小额贷款入股合作社并参与生产，每年按不低于5%的标准年固定分红。

资金变资产，农民变股东。把政府配置的财政资金，整合下放、折股量化、参股投放到项目，通过资产物化，将资产折股量化给村集体经济组织，将资产收益权明确到村集体，合作社以量化的产权资金额度每年按 5%的标准作为村集体经济组织分红收益。认定村集体经济组织成员身份，以土地承包证、宅基地证和林权证确定一般农户村集体成员权。在此基础上，以乡村振兴部门的建档立卡系统确定建档脱贫户和监测户的村集体成员权。股份量化以户口、人数为标准，以户为单位，人人平均。实行"增人不增股、减人不减股，三十年不变，五年一微调"的静态管理。

"三资"变股金，股金变资本。通过挂牌或上市，构建党建引领多元一体的股份合作制经济组织，把产业发展的增值收益更多地留在农村、留给农民，年终纯收入合作社提取公益金、公积金和风险金后再进行分配；发挥乡村自治的功能，建立"道德银行"，村集体经济组织与农户按股分红，村集体股份分红与村民的社区表现挂钩，40% 安排公益岗进行差异化分配，60% 用于合作社扩大再生产，建立激励和约束机制，保障农民的财产性收入。

三、"资源要素嬗变"是市场经济发展到一定阶段的必然产物

"资源要素嬗变"运作理论产生于我国社会主义市场经济体制从初级阶段走向成熟阶段，中国特色的社会主义经济从高速增长阶段转向高质量发展阶段的转变时期。高质量的发展需要新的生产力理论来指导，是新时代马克思生产要素理论和资本周转理论在中国特色社会主义市场经济条件下的具体实践，揭示了社会化大生产和市场经济运动的普遍规律。在新一轮农业技术革新蓄势待发、农业组织形式不断创新、消费需求持续升级等一系列背景下，它由技术革命性突破、生产要素创新性配置、产业深度转型升级而催生，以劳动者、劳动资料、劳动对象及其优化组合的跃升为内涵，以全要素生产率大幅度提升为核心，以适应新质生产力的发展要求，畅通城乡要素流动，加快"资源要素嬗变"运作是我国农业产业发展到一定阶段的必然产物。

首先，新一轮科技革命和产业革命蓬勃兴起。随着现代信息技术在农

业领域的广泛应用，数字农业的兴起成为我国城乡融合、产城融合发展的引擎。数字要素以遥感技术、地理信息系统、计算机技术、网络技术等高新技术为基础，将农业的信息化管理贯穿于农业的生产、流通、销售和消费等过程，达到合理利用农业资源资产资金，实施"资源要素嬗变"运作，降低生产成本，发挥乡村保障农产品供给和粮食安全、改善生态环境以及传承中华优秀传统文化等功能，实现产业结构升级、产业组织优化和产业创新方式变革，增强农业产业整体素质、农业效益和竞争力，提升资源开发利用率、劳动生产率和经营管理效率。随着我国数字经济的持续发展，通过"资源要素嬗变"运作，终将促进城乡要素市场的有效流动和配置。

其次，各类新型生产经营主体不断兴起。农村三产融合发展涉及整个产业链、供应链、价值链和生态链，产业融合主体需求是推进要素市场发展的关键。近年来，全国各地培育发展了以股份合作制为代表的一大批基础作用大、引领示范好、服务能力强、利益联结紧的新型农业经营主体，为科技金融服务实体经济发挥了智力支持和主体支撑作用。

再次，我国消费需求持续升级。我国已经进入了消费需求持续增长、消费结构加快升级、消费拉动经济作用明显增强的阶段。其中，服务消费需求的不断壮大，必然会促进乡村旅游、乡村养老等农业农村资源与服务业的深度融合；信息消费需求的发展会催生互联网与农业、旅游、光伏等产业间的跨界融合；消费需求会驱动生态农业等新型业态的快速发展；时尚消费和品质消费的发展会促使特色产业内部各子产业间及与二三产业间的深度融合，形成高端、品牌化农产品和服务的开发与销售；而农村消费的大力发展，会将城市的消费观念和消费方式输入农村地区，不断催生集文化娱乐、绿色环保、农业废弃物资源化综合利用等于一体的三产融合产品与服务。新的商品（农产品）市场、服务市场需求不断扩展，必然会驱动城乡要素市场流动向纵深发展。

第四，我国政府顺应要素市场和农业产业发展规律，积极推动建立全国统一的大市场。近年来，随着中共中央、国务院《关于加快建设全国统一大市场的意见》的出台，强调"以要素为产业发展赋能"，我国政府出台了一系列的劳动力、土地、财政补贴、税收优惠、科技金融支持政策和法律条例等，是我国政府顺应产业和要素市场发展规律所做出的重大战略决策。在农村三产融合发展中，以第一产业的农业为基本依托，通过产业联动、产业集聚、技术渗透、体制机制创新等方式，将城乡资源要素进行吸纳集约化配置，综合发展农产品加工业等第二产业；同时使农业生产、农产品加工业与销售、餐饮、休闲农业和其他服务业有机地整合在一起，实现农村地区各产业有机融合、协同发展，最终实现农业产业链的延长、供应链的拓宽、价值链的提高、生态链的保护与开发，推动现代农业走向立体化发展，让农户共享增值收益。

本章小结

绿色农业高质量发展需要新的生产力理论来指导。这里涉及的资源包括自然资源、劳动力和资本等，农民是中国式现代化和乡村振兴的主体。由资源、资产、资金、资本和农民构成的县域城乡要素，与劳动力、土地、资本、技术、数据等资源要素基本对应。每个元素都是一个经济学的概念，它们本身都有丰富的内涵，可以自成体系。同时，它们又有紧密的内在逻辑关系，能够互相转变，并形成一个完整体系。我们从以下方面来理解"资源要素嬗变"运作：

一是城乡要素的功能定位与逻辑关系。资源是基础、资产是核心、资金是血液、资本是动力、农民是主体，具有可配置、可定价、可转变、可交易、可获利的属性以及使用价值的发挥，赋予了生产要素新的功能，形成一个闭环的产业链、供应链、价值链、生态链，它们之间有清晰的逻辑演绎和转变关系。

二是它们之间是一种相互转变的关系。资源、资产、资金、资本、农民之间有天然的联系，是一个有机的整体，由于资本运动，通过利益获取与分配，在嬗变中不停地推动着城乡要素流动。市场经济越繁荣，科技金融越发达，资本市场越完善，农民与资源、资产、资金、资本的关系越紧密，互相转变的机制也越健全，转变的频率和效率也越高。

三是"资源要素嬗变"运作概括为"六方四变四化"。就是通过农民（主体）、政府（规则）、市场（价格）、企业（带动）、金融（血液）、村集体（组织）"六方"协调联动，推动资源变资产、资产变资金、资金变资本、农民变股东，实行资源资产化、资产资金化、资金资本化、资本证券化，在农业生产、分配、交换和消费再生产的过程中，实现资源资产价值化、资本化，增值变现退出，再进入下一个循环。每一个环节的转变都是一次价值创造和增值，这是物质生产的过程，也是价值生产和增值的过程，构成了一个创造价值的动态过程，以要素赋能乡村产业发展，给农民创造财富。

四是"资源要素嬗变"通过运作形成一个长链闭合循环。资本运作是自我循环，是短链循环，有时造成空转，要素进入不了实体经济。"资源要素嬗变"运作是价值生态循环，是一个长链闭合循环，是资本运作的升级版。从资本运作的一个"点"，扩展到农民与资源、资产、资金、资本的一个"链"，这个"链"是产业链、供应链、价值链和生态链的组合，从一个要素的短循环，发展到五个要素的长循环，从资本金融领域拓展到农民与自然资源、实体经济、消费领域等再生产全过程。

"资源要素嬗变"运作理论产生于我国社会主义市场经济体制从初级阶段走向成熟阶段，中国特色的社会主义经济从高速增长阶段转向高质量发展阶段的转变时期，是新时代马克思生产要素理论和资本周转理论在中国特色社会主义市场经济条件下的具体实践，以劳动者、劳动资料、劳动对象及其优化组合的跃升为内涵，以全要素生产率大幅度提升为核心，揭示了社会化大生产和市场经济运动的普遍规律，从而形成一个发达的要素市场体系，畅通了城乡要素流动和国民经济循环，引导要素协同向先进生产力集聚，实现绿色农业高质量发展。

第四章　畅通县域城乡要素流动的现状与问题

我国经济已经进入"供给"主导的新时代，围绕高质量发展的本质要求和高标准市场体系建设的迫切需要，尊重市场配置要素资源这个市场经济的一般规律，集聚城乡要素资源，发展新质生产力，坚持把统一要素市场建设作为供给侧结构性改革重要突破口，通过解放生产力、激活蛰伏的发展潜力，大力培育支撑高质量发展的生产要素，既要总结我国县域要素市场发展取得的成绩，也要坚持问题导向，准确把握面临的主要矛盾和突出问题。

第一节　我国县域城乡要素流动发展的现状

一、县域农业人口市民化进程加快

城乡融合发展，畅通城乡要素流动，人才是第一资源，生产社会财富，不仅需要生产资料，而且也需要劳动力。党的十八大以来，我国一是深化了户籍制度改革。推动超大、特大城市调整完善积分落户政策，探索推动在长三角、珠三角等城市群率先实现户籍准入年限同城化累计互认。放开放宽除个别超大城市外的城市落户限制，试行以经常居住地登记户口制度。建立城镇教育、就业创业、医疗卫生等基本公共服务与常住人口挂钩机制，推动公共资源按常住人口规模配置。

二是取消了长期实行的一孩化政策，提高人口素质，继续普及九年义务教育，扩大高中阶段教育和高等教育规模，积极发展各类职业教育和培训，完善继续教育制度，逐步建立终身教育体系。延长退休年龄，实行渐进式退休政策。

三是进一步畅通劳动力和人才社会性流动渠道。健全统一规范的人力资源市场体系，加快建立协调衔接的劳动力、人才流动政策体系和交流合作机制。营造公平就业环境，依法纠正身份、性别等就业歧视现象，保障城乡劳动者享有平等就业权利。进一步畅通企业、社会组织人员进入党政机关、国有企事业单位渠道。优化国有企事业单位面向社会选人用人机制，深入推行国有企业分级分类公开招聘。加强就业援助，实施优先扶持和重点帮助。完善人事档案管理服务，加快提升人事档案信息化水平。

四是完善了技术技能评价制度。创新评价标准，以职业能力为核心制定职业标准，进一步打破户籍、地域、身份、档案、人事关系等制约，畅通非公有制经济组织、社会组织、自由职业专业技术人员职称申报渠道。加快建立劳动者终身职业技能培训制度。推进社会化职称评审。完善技术工人评价选拔制度。探索实现职业技能等级证书和学历证书互通衔接。加强公共卫生队伍建设，健全执业人员培养、准入、使用、待遇保障、考核评价和激励机制。

五是加大了人才引进力度。畅通海外科学家来华工作通道。在职业资格认定认可、子女教育、商业医疗保险以及在中国境内停留、居留等方面，为外籍高层次人才来华创新创业提供便利。

近年来，我国县域经济发展在供给侧和需求侧都面临与人有关的问题：在供给侧，劳动力供给结构发生趋势性反转，人口进入负增长和深度老龄化的新阶段。当前我国农村"四降一升"现象尤为突出，出生人口下降、育龄妇女数量下降、劳动年龄人口下降、流动人口下降、老龄人口上升。劳动年龄人口和流动人口双双下降，造成企业用工荒，人口下降是近几年中国经济增速下降的原因之一。

在需求侧，存在最终消费占GDP的比重偏低和居民收入在国民收入分配中的份额较低，即"双低"问题。我们必须清醒地认识到，我国还是一个发展中国家，据世界银行提供的数据，2022年我国居民人均工资性收入占GDP的比重只有24%，欧美国家的比重为55%，南美国家的比重为38%，东南亚国家的比重为28%，中东国家的比重为24%，非洲国家的比重多在20%以下，人均工资过低就难以拉动消费。以上这两方面互相作用，会驱动经济发展进入逐步降级的"失速"陷阱。

生产资料和劳动力二者要相互匹配，任何一方的短缺，都会影响农村经济的发展。"中国式现代化"是在一个人口超大规模社会实现共同富裕，这无疑是一个世界级难题。根据第七次全国人口普查，我国目前有农业户籍人口7.8亿人，其中40%的人口生活在市域中，60%的人口生活在乡村中，还有近5亿人等待转移。在1000个农民工的问卷调查中，有意愿转为城镇户口的只有1/4，也就是说农民的市民意愿不高。

我国著名地理学家胡焕庸1935年曾经在地图上画了一条线，从黑龙江的黑河画到云南腾冲。当时约96%的人口在这条线的右下方，这条线的左上方只有4%的人口，而全国的国土面积只有36%是在这条线的右下方，这是20世纪30年代的基本格局。

现在我国的中部崛起、西部大开发战略，就是要有效利用整个国土空间。加快建设农业强国，不仅产业要升级，要高质量发展，更重要的是要优化人口、资源、产业布局，促进人力资源向人力资本的转化，促进劳动力的自由流动，加快改革户籍、生育、住房、教育、养老、医保等制约劳动力自由流动的制度。

二、县域土地深化改革加速推进

畅通城乡要素流动，"土地是财富之母"。党的十八大以来，我国一是建立了城乡统一的建设用地市场。加快修改完善土地管理法实施条例，完善相关配套制度，制定出台农村集体经营性建设用地入市指导意见。全面推开农村土地征收制度改革，扩大国有土地有偿使用范围。建立公平合理的集体经营性建设用地入市增值收益分配制度。建立公共利益征地的相关制度规定。

二是产业用地市场化配置改革进一步深化。健全长期租赁、先租后让、弹性年期供应、作价出资（入股）等工业用地市场供应体系。在符合国土空间规划和用途管制要求前提下，调整完善产业用地政策，创新使用方式，推动不同产业用地类型合理转换，探索增加混合产业用地供给。

三是鼓励盘活存量建设用地。充分运用市场机制盘活存量土地和低效用地，研究完善促进盘活存量建设用地的税费制度。以多种方式推进国有企业存量用地盘活利用。深化农村宅基地制度改革试点，深入推进建设用地整理，完善城乡建设用地增减挂钩政策，为乡村振兴和城乡融合发展提供土地要素保障。

四是完善了土地管理体制。完善土地利用计划管理，实施年度建设用地总量调控制度，增强土地管理灵活性，推动土地计划指标更加合理化，城乡建设用地指标使用应更多由省级政府负责。在国土空间规划编制、农村房地一体不动产登记基本完成的前提下，建立健全城乡建设用地供应三年滚动计划。探索建立全国性的建设用地、补充耕地指标跨区域交易机制。加强土地供应利用统计监测。实施城乡土地统一调查、统一规划、统一整治、统一登记。推动制定不动产登记法。

近几年，我国土地市场存在的问题主要体现在，一是土地征收制度不完善，因征地引发的社会矛盾积累较多。二是农村集体土地权益保障不充分，农村集体经营建设用地不能与国有建设用地同等落实、同权同价。三是宅基地的取得、使用和退出制度不完善，用益物权难以落实，土地增值收益分配机制不健全，兼顾国家、集体、个人之间的利益不够。

我国农村在40多年的家庭土地承包制的基础上，即使"三权分置"已进入市场，土地还没有完全形成财富的源泉，如果土地可以自由流转并适当集中，农业生产效率就会大幅提高。在农村土地方面，重点是要加快土地流转制度改革，一方面继续鼓励实行耕地流转集中，实现规模经营；另一方面通过土地托管、代耕，购买社会化服务，来实现规模经营，畅通土地流转市场，提高土地配置效率，降低生产成本，加快小农户迈向现代化农业的步伐。

根据农业农村部统计，2020年我国农村集体所有的17.6亿亩耕地中，大概有 5.5 亿亩土地的经营权在流转。在 2.2 亿承包集体土地的承包户中，有 7000 多万承包户或多或少地流转了土地。在全部农业经营主体里面，经营土地在 10 亩以下的占 85.2%，经营 10～30 亩的占 10.7%，合计 95.9%，30～50 亩的占 2.5%，50～100 亩的占 1.0%，100～200 亩的占 0.4%，200 亩以上的占 0.2%。可以看出，土地经营权的流转看起来是动地，实际是动人。当农民不依靠土地谋生了，就会纷纷进城，土地自然也就流转起来了。从这个意义上看，农业人口的城镇化进程要加快推进。

山水林田湖草沙也是一样，如果矿产等自然资源交易市场发育不起来，煤矿、石油、天然气等资源处于沉睡的自然状态，资源利用效率也就不高。资源资产底数不清，是当前资源资产价值化的难题之一。如何确定资源价值衡量尺度和标准，成为资源资产价值化面临的一大难题。应该说中国的资源和土地供给抑制还比较严重，未来产权优化和释放资源供给有很大空间。

仅以农村建设用地测算，根据自然资源部统计，目前我国现有耕地 19.18 亿亩，其中农民承包耕地 17.6 亿亩，其他类型农用地 25.7 亿亩，农村集体经营性建设用地 2.5 亿亩，宅基地 2 亿亩，农村居民点闲置用地面积达 3000 万亩左右，通过农村土地产权制度，让土地进入市场交易；推进土地、水、矿产、森林、草原、海域海岛等六类全民所有自然资源资产有偿使用制度改革，明确自然资源资产产权主体，加快健全自然资源资产产权制度；如果将 2.5 亿亩农村集体建设用地，以每亩 80 万元的价格入市，大概能够盘活 200 万亿的资产。

新一轮的土地改革，其伟大意义不亚于 20 世纪 80 年代农村承包制改革，也不亚于 90 年代初的土地批租市场的改革。这一场改革将让整个中国今后几十年产生几十万亿级的活力，必将推动中国城镇化和农业农村现代化更好地发展。

三、县域资本要素市场化配置有所提高

畅通城乡要素流动，资本是核心动力。党的十八大以来，首先，我国

完善了股票市场基础制度。制定出台完善股票市场基础制度的意见。坚持市场化、法治化改革方向，改革完善股票市场发行、交易、退市等制度。鼓励和引导上市公司现金分红。完善投资者保护制度，推动完善具有中国特色的证券民事诉讼制度。设立北交所，完善主板、科创板、中小企业板、创业板、全国中小企业股份转让系统（新三板）和地方股权市场建设。

其次，加快发展了债券市场。稳步扩大债券市场规模，丰富债券市场品种，推进债券市场互联互通。统一公司信用类债券信息披露标准，完善债券违约处置机制。探索对公司信用类债券实行发行注册管理制。加强债券市场评级机构统一准入管理，规范信用评级行业发展。

第三，增加了有效金融服务供给。健全多层次资本市场体系，构建多层次、广覆盖、有差异、大中小合理分工的银行机构体系，优化金融资源配置，放宽金融服务业市场准入，推动信用信息深度开发利用，增加服务小微企业和民营企业的金融服务供给。建立县域银行业金融机构服务"三农"的激励约束机制，金融服务实体经济能力逐步提高。设立发展乡村振兴基金，推进科技金融、绿色金融、普惠金融、养老金融、数字金融创新。完善金融机构市场化法治化退出机制。

第四，扩大了金融业对外开放。稳步推进人民币国际化和人民币资本项目可兑换。逐步推进证券、基金行业对内对外双向开放，有序推进期货市场对外开放。逐步放宽外资金融机构准入条件，推进境内金融机构参与国际金融市场交易。

目前，我国经济运行态势正向高质量发展转型，经济增长率由高位数向中高位数转变，由于受疫情、中美贸易战和房地产市场的影响，出口和投资增长幅度明显减缓，消费乏力，产能过剩，企业利润率下降，县域财政收入狭窄，地方政府债务过高，资本抑制和金融抑制导致资金沉淀、资产闲置和资源沉睡同时存在，这些问题直接阻碍或者拖延着经济发展进程。

截至 2021 年底，我国有 1.54 亿户市场主体，民营经济税收贡献已达59.6%，民营企业占市场主体的 96%。改革开放 40 多年来，民营经济以"56789"的形式成为中国经济的主力军。它贡献了 50% 以上的税收，60%以上的 GDP，70% 以上的技术创新成果，80% 以上的劳动就业，90% 以上的企业数量，这是一支无可取代的力量，是推动国民经济高质量发展的重要基础。

假定把金融抑制放开一下，逐步把民营企业融资成本降下来，特别是涉农银行，愿意为弱者付出，不再以利润最大化为目标，政府对民营企业适当进行补贴，众多民营企业就会焕发出生机勃勃的生命力。正如决定一个水桶的容量，不是长板而是短板；评价一个国家的发达程度，判断标准不是强者的高度，而是弱者的地位，为弱者付出意味着整个社会的精神升华。

同时，我们的资本转化率太低，我国金融体系中 80% 的资金、资产还是债权资本，没有转化为股权资本投资，中国企业尤其是民营企业的股权资本来源不充分、不充沛。衡量一个国家资本的发达程度一般以证券化率、资本化率和股权化率来考核，在主要发达国家，证券化率（是指一国的股市市值与 GDP 的比例）已经达到较高的程度。2022 年底，我国的证券化率是 65.11%，美国和欧洲主要国家的证券化率均在 150% 以上，说明我们在权益类市场还有很大的投资空间。

我国潜在资源、资产、资金，需要活化转变为资本，实现升值。据初步统计，2022 年末，我国金融业机构总资产为 419.64 万亿元，同比增长 9.9%。其中，银行业机构总资产为 379.39 万亿元，同比增长 10%；证券业机构总资产为 13.11 万亿元，同比增长 6.6%；保险业机构总资产为 27.15 万亿元，同比增长 9.1%。金融机构不良资产规模达 2 万亿元以上，需要创新不良资产处置方式，转变为有效优良资产，转变为股权资产。

金融市场和资本市场最大的一个社会功能，就是将储蓄资金转变为高盈利的资本，投向实体经济。我国储蓄资源丰富、储蓄率高，居民、企业加上政府的储蓄有 100 多万亿人民币。一边是储蓄者，一边是用钱人，如何把这个巨大的金融储蓄有效地转变成金融资产，配置在银行、证券、保险等各种金融产品上，提供各种各样的金融工具来进行资产管理，投向实体经济，是一个重要问题。

我国近万亿美元的外汇储备，年投资收益率只有 3% 多，需要在新的国际环境下，不断完善外汇储备经营管理体制机制，优化货币和资产结构，稳步推进多元化经营，优化海外机构经营平台，确保外汇储备资产的安全、流动和保值增值。

国有企业资产大约有180万亿，需要实行国有资本市场化运作，通过资产重组组建国有资本投资、运营公司，构建国有资本投资、运营主体，实现国有资本所有权与企业经营权分离，促进国有资本合理流动，优化国有资本投向，向重点行业、关键领域和优势企业集中。以上各项资产转化盘活后，在我国500多万亿的社会净财富的基础上，可实现财富倍增。

四、县域技术成果转化效率逐步提速

畅通城乡要素流动，科学技术是第一生产力。党的十八大以来，首先，我国建立了职务科技成果产权制度。深化科技成果使用权、处置权和收益权改革，开展赋予科研人员职务科技成果所有权或长期使用权试点。强化知识产权保护和运用，支持重大技术装备、重点新材料等领域的自主知识产权市场化运营。

其次，完善了科技创新资源配置方式。改革科研项目立项和组织实施方式，坚持目标引领，强化成果导向，建立健全多元化支持机制。完善专业机构管理项目机制。加强科技成果转化中试基地建设。支持有条件的企业承担国家重大科技项目。建立市场化、社会化的科研成果评价制度，修订技术合同认定规则及科技成果登记管理办法。建立健全科技成果常态化路演和科技创新咨询制度。

第三，培育发展了技术转移机构和技术经理人。重点加强了国家技术转移区域中心建设，支持科技企业与高校、科研机构合作建立技术研发中心、产业研究院、中试基地等新型研发机构。积极推进科研院所分类改革，加快推进应用技术类科研院所市场化、企业化发展。支持高校、科研机构和科技企业设立技术转移部门。建立国家技术转移人才培养体系，提高技术转移专业服务能力。

第四，促进了技术要素与资本要素融合发展。积极探索通过天使投资、创业投资、知识产权证券化、科技保险等方式推动科技成果资本化。鼓励商业银行采用知识产权质押、预期收益质押等融资方式，为促进技术转移转化提供更多金融产品服务。

第五，支持国际科技创新合作。深化基础研究国际合作，组织实施国际科技创新合作重点专项，探索国际科技创新合作新模式，扩大科技领域对外开放。加大抗病毒药物及疫苗研发国际合作力度。开展创新要素跨境便利流动试点，发展离岸创新创业，探索推动外籍科学家领衔承担政府支持科技项目。发展技术贸易，促进技术进口来源多元化，扩大技术出口。

目前，我国需要从宏观和微观两个方面开发整合科技资源，增加科技资源供给，注入经济发展的新动能。要加强科技的统筹协调，完善市场导向的技术创新机制，增强企业技术创新主体地位，提升科技创新国际化水平。加速集聚国际顶尖科技人才、研发机构等高端科技创新资源，建设国家自主创新示范区和高新技术产业开发区成为创新创业载体，不断优化全社会创新创业生态。特别是要全面提高自主创新能力，力争在基础研究和战略高技术方面取得重大突破，原始创新能力和国际竞争力显著提升，整体水平实现由跟跑为主向并行、领跑为主转变。

强化科技投入机制。2022 年我国全社会研发经费支出 3.09 万亿元，占 GDP 的比重为 2.55%，总量在全世界排第二，基础研究投入占全部研发费用的投入比重为 6.3%，与世界主要创新型国家多为 15% ～ 20% 的比例差距较大。规模以上工业企业研发经费支出与主营业务收入之比达到 1.1%。加强人才培养，在创新实践中发现人才，在创新活动中培养人才，在创新事业中凝聚人才，改革人才培养使用机制，培育造就规模宏大、结构合理、素质优良的人才队伍。

加强技术创新，发展高新技术，提升产业技术水平。积极推进具有战略意义的高技术研究，集中力量在信息技术、生物技术、新材料技术、先进制造技术、航空航天技术等关键领域取得突破，在一些关系国家经济命脉和安全的高技术领域，提高自主创新能力。通过实施重大高新技术工程项目，促进高技术成果转化，力争在芯片设计和制造、高性能计算机、光电子材料与器件、生物工程药物、农业种子生物工程等领域，实现产业化。加快推进传统产业技术升级，选择装备制造、农产品深加工、资源综合利用等若干重点领域，加快开发能够推动结构升级的共性技术、关键技术和配套技术。

加强基础研究和应用基础研究，瞄准世界科学技术发展前沿，选择我国具有一定优势、对国民经济和社会发展有重大意义的研究领域，集中力量，重点突破，力争在基因组学、信息科学、纳米科学、生态科学和地球科学等方面取得新进展，引领全球第四次农业革命。

围绕打通科技与经济的通道，以技术市场、资本市场、人才市场为纽带，以资源开放共享为手段，围绕产业链部署创新链，围绕创新链完善资金链，加强各类创新主体间合作，促进产学研用紧密结合，推进科教融合发展，深化军民融合创新，健全创新创业服务体系，构建多主体协同互动与大众创新创业有机结合的开放高效创新网络。

五、县域数字乡村工程方兴未艾

畅通城乡要素流动，数据已成为一个新的生产要素。当今世界，人类社会正在进入以数字化生产力为主要标志的新的历史阶段。伴随互联网、云计算、区块链、大数据等新一代信息技术的发展，数字经济异军突起，成为引领科技革命和产业变革、带动经济增长的重要引擎。数字经济具有高创新性、强渗透性、广覆盖性，以数字化、网络化、智能化为特征的信息化越来越成为城乡区域协调发展的重要驱动力。数字化将深刻改变城乡融合发展面貌，推动城乡融合发展是解决发展不平衡、不充分问题的必然要求，而数字化改革创新是推动城乡融合发展的重要途径。

党的十八大以来，首先，我国推进了政府数据开放共享，数字化为城乡融合发展带来了新变量、注入了新动力、拓宽了新路径。随着新一轮科技革命和产业变革孕育兴起，大数据智能化加速创发展，网络化、数字化和智能化快速融入城乡经济社会发展各领域和全过程，在农业农村经济社会发展中广泛应用，推动城乡各类资源要素快捷流动、各类市场主体加速融合、各类组织模式加速重构，乡村生产方式和生活方式悄然改变，农业农村现代化转型发展明显加快，数字技术引领城乡生产力变革。5G、物联网、大数据、人工智能等新一代信息技术正在深刻改变服务业、工业、农业等产业形态，带来了数字金融、智能制造、智慧农业等新业态、新模式。

数字经济在需求端具有很强的网络外部性和规模效应。用户越多，产生的数据量越大，数据的潜在价值就越高。我国已建成全球最大的光纤和4G 网络，建成 5G 基站超 100 万座，占全球 70% 以上，5G 终端用户突破4 亿，成功将超大规模市场和人口红利转化为数据红利。根据工业和信息化部统计，截至 2021 年 6 月，我国互联网用户规模达到 10.11 亿，互联网普及率达到 71.6%，行政村通 4G 和光纤比例均超过 99.9%，海量用户数据促进了零售业创新，已连续多年保持全球规模最大、最具活力的网络零售市场，在许多领域成为全球消费趋势和创新的发源地。

在这一背景下，乡村数字经济快速发展，数字技术在"三农"领域得到广泛运用，农业数字化转型步伐加快。对于农业生产而言，最为突出的变化就是智慧农业的快速发展，体现在生产智能化、加工自动化、管理标准化，数字化工具正在成为农民手中的"新农具"。同时，进一步优化了经济治理基础数据库，加快推动各地区各部门间数据共享交换，制定出台新一批数据共享责任清单。研究建立促进企业登记、交通运输、气象等公共数据开放和数据资源有效流动的制度规范。

其次，提升了社会数据资源价值。培育数字经济新产业、新业态和新模式，支持构建农业、工业、交通、教育、安防、城市管理、公共资源交易等领域规范化数据开发利用的场景。发挥行业协会商会作用，推动人工智能、可穿戴设备、车联网、物联网等领域数据采集标准化。发展数字经济已成为培育发展新动能、促进新旧动能转换的必由之路和战略抉择。

顺应世界信息技术的发展，面向市场需求，推进体制创新，努力实现我国信息产业的跨越式发展。广泛应用信息技术，提高计算机和网络的普及应用程度，加强信息资源的开发和利用。政府行政管理、社会公共服务、企业生产经营要运用数字化、网络化技术，加快信息化步伐。大力发展人工智能、物联网、虚拟现实、网络安全、大数据、云计算等新兴产业，加快人工智能关键技术转化应用，促进技术集成与商业模式创新，推动重点领域智能产品创新，积极培育人工智能新兴业态，布局产业链高端，打造具有国际竞争力的人工智能产业集群，整体带动和提升新型工业化、城镇化、农业现代化发展。发展数字经济，积极利用智慧城市、智能工业、智慧医疗等发展契机，推进数字新科技先行应用，为数字科技应用提供试验平台和应用场景，加快发展数字贸易，稳步推进数字货币，促进金融、财税、消费等领域的数字化，加快推动数字产业化，依靠信息技术创新驱动，不断催生新产业新业态新模式，用新动能推动新发展。

推动产业数字化和数字产业化。利用互联网新技术新应用对传统产业进行全方位、全角度、全链条的改造，提高全要素生产率，释放数字对经济发展的放大、叠加、倍增作用。数字技术贯通城乡消费市场。随着数字技术在消费领域的深入应用，农村电商、直播带货、流量经济等新业态活力显现，农副产品销售渠道极大拓宽，带动了优质工业消费品下乡，进而促进了城乡消费。全国范围内农村电商爆发式增长，淘宝村、数字农业基地等蓬勃发展。网上外卖、在线教育、网约车、在线医疗等数字服务为城乡消费升级提供了新的窗口。

农产品供应链是围绕一个核心企业对农产品从生产到消费过程中各个环节所涉及的物流、资金流、信息流进行整合，将生产商、分销商、批发商、零售商等各方链接成一个具有整体功能的网络，也是农产品在供应链上增加价值的增值链。其中农产品批发市场处于农产品流通阶段，承载着生产者、经营者和消费者之间的流通关系。流通连接生产和消费，是建立全国统一大市场，实现国民经济循环畅通的关键环节，对推动高质量发展发挥着重要的基础性和先导性作用。互联网、大数据、云计算、人工智能等数字技术的飞速发展，点燃了我国经济高质量发展的新引擎。

当前农产品批发市场互联网呈现出的特点是：大公司正在裂变成平台，小公司正在聚变成平台，中间商将逐步消失，服务和平台永恒。打造生产、流通、市场、投资于一体的数字智能化农业生态圈，如果要在不增加劳动、资本、土地、技术投入的情况下，产出可以增加，就要充分发挥数据的最根本作用，农产品批发市场发展的重点在于通过数字化链接流通节点、赋能产业主体、提升行业效率、重构链路价值，利用互联网数字经济进一步提升批发市场在农产品流通中的价值，实现农产品批发市场全方位的管理，未来已来，大势所趋。

数字技术畅通城乡要素流动。数字技术深刻影响土地、资金、人才、技术等生产要素及其配置，促进生产要素双向流动、资源配置效率快速提升。数字化交易平台构建了城乡一体的建设用地、资本等市场，进一步畅通了城乡要素双向流通渠道。数字普惠金融通过多样化的融资筹资渠道降低交易成本，为涉农生产提供更加灵活的金融服务，缓解了融资难问题。发展数字经济也是推动绿色低碳发展、实现双碳目标的重要途径。数字技术与新能源技术融合形成的数字能源技术，将有效构建数字经济时代绿色低碳的生产生活方式。数字技术提升城乡生活品质。"互联网＋"在农村政务服务、教育、医疗、乡村旅游等领域快速延伸，丰富了人民群众精神文化生活，助力高品质生活。城乡智慧教育加快普及，国家智慧教育平台加快建设，我国广大中小学普遍实现联网，"互联网＋"课堂等城乡智慧教育发展模式成效显著。城乡医疗智慧化水平快速提升，"互联网＋"医疗有力促进了城市优质医疗服务向农村延伸，提高了优质医疗服务的可获得性和共享性。"互联网＋"政务服务、"互联网＋"村务等创新举措有力促进了农村基层社会治理现代化。

同时，强化了数据资源整合和安全保护。探索建立了统一规范的数据管理制度，提高数据质量和规范性，丰富数据产品。根据数据性质完善产权性质。制定数据隐私保护制度和安全审查制度，推动完善适用于大数据环境下的数据分类分级安全保护制度，加强对政务数据、企业商业秘密和个人数据的保护。

第三，数字化有助于解决城乡融合发展新难题。数字化广泛渗透、创新运用，有助于倒逼农村改革、激发乡村活力，打破区域发展界限，全面推进乡村振兴，缩小城乡发展差距，加速城乡融合发展进程。

一是有助于突破城乡产业协同发展"瓶颈"。数字技术具有极强的渗透性特点，可以打破各产业间的边界区隔和空间束缚。一方面，通过产业边界融合，加快农业数字化转型，推动农业生产、流通、消费有效衔接，让农业实现与现代工业、现代服务业的深度链接，促进农文旅、一二三产业的融合发展。另一方面，通过城乡空间融合，以数字化手段推动订单农业、乡村车间、制造农业、创意农业等业态发展,重塑城乡产业链分工和价值链分配,有效化解农产品加工粗放、产业融合层次低等瓶颈,支撑农业现代化。

二是有助于打破城乡要素市场化配置"阻隔"。要素双向流动是城乡融合发展的关键。目前,农业产业仍存在产业周期长、行业收益低、风险不确定性多等问题,很大程度上导致了资源要素从乡村到城市单向流动的困局。数据作为新要素具有很强的引领性特点,对土地、资金、技术等传统要素配置具有指向性作用。加强数字乡村、智慧城市建设,搭建城乡"数字桥梁"能够使得两者流动的边界逐渐模糊,以数据流促进城乡关键信息要素的交互共享,从而破除城乡要素流动障碍,促进城乡要素合理双向流动和要素红利释放。以数据流带动人流,构建城乡数字化人才市场,以放松落户限制、实现同城同待遇、提高就业能力为切入点,增强城市对农业转移人口的包容性,引导各类人才带科研成果入乡转化和回乡创业,激发城乡新型人口红利。以数据流带动物流,充分利用各类电商消费平台,推动供给与需求紧密对接,加快农产品进城和工业品下乡。以数据流带动资金流,推动数字金融、普惠金融等模式创新,通过大数据挖掘乡村产业价值、控制农业金融风险,让各类资本在乡村投资兴业。

三是有助于破除城乡融合发展体制机制"障碍"。城乡融合发展,体制机制是根本保障。依靠原有的手段和方式很难打破体制机制障碍,必须以技术创新为切入点,实现技术创新与制度创新的双轮驱动。比如,由于人口流通频繁,要实现常住地管理意味要投入大量资源进行核实、更新和服务,导致地方政府不愿意改变传统户籍制度。随着数字政府建设的推进,电子证照、电子签章等技术广泛应用,户籍迁移、管理、变更实现了全面线上化、智能化办理,为户籍制度改革提供了重要支撑。未来应以技术创新倒逼制度创新,突破城乡融合发展体制机制束缚,切实提升城乡综合治理能力和水平。

四是有助于破解实现城乡公共服务均等化"难题"。我国农村面积广阔、交通不便、居民散居,城乡公共服务不均衡问题较为突出。智慧教育、智慧医疗、智慧养老等模式的兴起,可以通过数字化平台让城市服务向乡村低成本延伸，打破了传统公共服务的空间局限。必须充分利用数字技术，进一步打破城乡居民户籍限制，加快布局智慧教育、智慧医疗、智慧社保等公共服务平台，推进城乡教育、医疗、社保等公共服务体系一体化规划、标准化建设、均等化分布、异地化办理，推动城乡基本公共服务均等化，逐步缩小城乡公共服务差距。

第四，数字化全面赋能新时代城乡融合发展。数字化改革创新赋能城乡融合发展，需要系统布局、综合施策、对症下药。要坚持有效市场和有为政府更好结合，坚持乡村优先、以城带乡、以工补农的原则，深化大数据、互联网、物联网、区块链、人工智能等信息技术在乡村治理、政务服务、区县经济等领域的融合应用，谋划特色应用场景，推动农村产业智能化、村民生活智慧化、乡村治理数字化，促进城乡要素自由流动、平等交换和公共资源合理配置，丰富乡村精神文化生活，促进城乡居民共享经济社会发展成果。

一是注重统筹谋划、夯实基础。坚持把城乡数字化布局作为一个整体统筹谋划，从战略层面精准把握数字化促进城乡融合发展的总体趋势、主攻方向以及重点领域，着眼重塑新型城乡关系，一体规划、同步实施新型智慧城市和数字乡村建设。加快城市数字化智能化设施向乡村延伸覆盖，大力推动乡村信息基础设施优化升级，加快乡村公路、电网、水网等传统基础设施数字化改造，提升智能化应用水平，丰富"三农"信息终端和服务供给，畅通城乡技术、资本等要素双向流动，弥合城乡之间的数字鸿沟，实现城乡数字基础设施互联互通、共建共享，以数字化创新发展促进城乡在规划布局、要素配置、产业发展、公共服务、生态保护等方面相互融合和共同发展，逐步实现高水平城乡发展一体化。

二是注重聚焦重点、精准发力。聚焦产业发展、公共服务、社会治理等重点领域，突出以城带乡、城乡互动，带动乡村全面数字化转型。加快产业数字化转型，推动数字技术与农业生产、加工、流通、文旅等业态结合，搭建物联网感知平台、供需对接平台、农产品反向定制等平台，打造新型农业产业融合业态，提高农业附加价值，拓展产业价值链条。加快公共服务数字化，打造城乡居民业务在线申报、集中审批、统一结办的智慧教育、智慧医疗、智慧社保等公共服务云平台，实现城乡数据全面感知、业务办理跨界集成，业务流程整合再造，业务事宜协同审批，不断提高城乡公共服务均等化水平。加快社会治理数字化，加强"城情""乡情"的治理云平台建设，实施乡村文化传承、生态保护、巩固拓展脱贫攻坚成果同乡村振兴有效衔接等数字化工程，推进基于数字乡村的党务、政务、财务的信息公开和居民意见数字表达机制，提升城乡社会治理的综合性和协调性。

三是注重引领示范、以点带面。数字化转型是系统工程，必须突出抓好区县城这个重点和乡镇这个节点数字化改革创新，促进智慧城市与数字乡村协调并进，实现城乡数字资源统筹配置、整合共享、功能互补。支持有条件的县（市、区）开展城乡数字化融合试点示范，推动城市 5G、互联网、物联网、大数据平台等服务在县（市、区）重点布局，鼓励县（市、区）开展数字化创新试点，围绕田间管理、农产品流通等领域打造智慧应用，统筹进行规范标准、数据汇聚、业务协同等工作，推动县域数字化"百花齐放、各领风骚"。推动有条件的乡镇推广数字化应用，唤醒乡村"沉睡的资源"，让数字化转型见到效益、释放红利。

构建覆盖农业生产领域的数字孪生开放平台，通过物联网、区块链和智能化技术形成可溯源、可量化、可流通、可交易的数字资产，广泛分享最佳科学技术创新实践和创新技术装备的同时，在数字领域催生新的产品服务，形成新的配套数字产业价值链，开启"土壤有机质提升和生物质资源高效利用元宇宙创新试点"和"品牌鲜活农产品流通高质量发展元宇宙创新试点"，包括开发并应用数字智能化升级的核心技术装置和平台，增强基地土壤碳汇碳库功能，涵盖大市场和大消费两端全产业价值链的数字智能化升级实践。以涵盖整个"生产端和消费端"领域的数字资产库和虚拟插件式的共性关键能力组件集合，构建数字智能化"生产端和消费端"元宇宙服务平台，快速为制度创新累计客观真实数据，并用数据汇聚、提升和价值化模型，来挖掘原有非数字智能化转型模式下，看不到的农业新价值实现方式。

四是注重应用牵引、厚植生态。数字化改革是一段长期历程，既需要以应用来牵引，也需要以企业、人才等生态为支撑。加强应用场景策划，组织县（市、区）、乡镇开放农业农村数字化应用场景，加大资金、政策等支持力度，鼓励互联网企业开发适应"三农"特点的信息终端，提供精准数字服务帮扶，帮助乡村加快应用数字化技术。大力开展信息化人才下乡活动，培养乡村数字化人才，重点提高农村老年人、留守儿童和妇女等农村特殊人群信息化素养和技能。加快构建城乡创新协同、错位互补、供需联动的数字化发展生态，正确引导平台经济赋能"三农"发展，依法规范使用平台企业获得的海量数据，规范平台经济不合理行为，推动农村平台经济健康有序发展。

第二节　我国县域城乡要素流动存在的问题

高质量的发展对县域城乡要素流动提出了更高的要求，我国统一要素市场建设还有一段漫长的路要走，主要是要素市场化规则不完善，生产要素在城乡间不能较好地自由流动，还存在不少体制性弊端有待克服，由于供给与需求结构性矛盾、县域城乡要素流动不顺畅、公共资源配置不合理问题依然突出，资源沉睡、资产闲置、资金沉淀、资本呆滞等，影响城乡融合发展的体制机制障碍尚未根本消除。在某些领域环节，市场在要素资源配置中的决定性作用尚未得到充分的发挥，垄断和不正当竞争行为时有干扰市场，阻碍了要素自由流动，妨碍了要素市场向更高水平、更高质量和更加现代化的方向发展。应加快梳理和破解城乡要素市场发展的堵点，为加快建设农业强国、全面推进乡村振兴开山凿路、积势蓄能。

一、县域市场分割和隐性障碍时有出现

改革开放以来，我国在减少地区要素市场分割、推进县域城乡要素市场一体化、加强不同要素市场之间联系方面已经取得长足进步。然而，由于地方保护主义、部分地方政府和部门不当干预等，地区之间、城乡之间仍存在一定程度的市场分割问题。

在资本市场上，部分地方政府和部门行政权力潜在作用，加上国有金融机构的所有制和规模偏好，对于不同所有制企业、不同规模企业执行差别化的信贷政策和担保政策，人为造成不同所有制企业和不同规模企业归属不同市场，对国计与民生项目，普遍存在一热一冷的现象。资本要素区域间流动的管制仍然存在。跨地区投资和企业兼并存在困难，全国性的金融市场尚未建立，资本要素配置扭曲，不愿流向实体经济和中小企业。

在劳动力要素市场上，户籍、公共服务体系和行业垄断等制度性壁垒和非制度性壁垒造成我国仍然没有形成稳定的、制度化的吸纳农村剩余劳动力的城镇就业服务和保障机制，城镇劳动力要素市场还没有条件对农村实行全方位开放，城乡劳动力要素市场分割和体制内外职业分割，阻碍了城乡劳动力及不同行业部门之间从业者的自由流动。调研中发现，近些年乡村光棍数量快速剧增，这种趋势得想办法扭转，否则人口负增长的速度会更加快。人口老龄化高峰到达后，对各行各业的发展都会是毁灭性的打击，全国几千万光棍存在的问题是应该重视了。

再以土地市场为例，我国宪法对城市、农村及城市郊区土地的产权归属规定了不同的主体，不同地区之间、城乡之间土地产权构成和权能不一致，再加上城乡二元土地制度对用途管制极其严格，政府垄断土地一级市场，限制了农地流转和直接入市，造成不同地区、城乡之间土地资源的市场化机制不健全，市场体系也不够完整统一，出现征地过度和补偿标准低、城市土地紧缺与闲置浪费现象并存。土地要素市场存在多轨运行问题，土地管理制度改革有待进一步深入，目前土地二级市场统一交易规则不够完善，缺乏农村集体建设性用地直接入市的办法，统一的城乡土地大市场尚未建立。必须摆脱对土地财政的依赖，土地是不可再生的资源，发展其他产业替代卖地模式势在必行，因为我国的很多农产品还在靠进口，完全是可以发展自给的。

与此同时，有的地方政府通过规则设计、规章立法及行政干预，设置种种隐性壁垒，造成要素市场准入不畅通，阻碍要素优化配置。有的地方政府在政府采购中还存在量身定制相关条款等现象，对本地企业、特定供应商进行保护，或者利用地方性法规、规章制度及标准对不同企业区别对待，优待关联企业和本地企业；还有地方对企业投资布局进行干预，采取诸如要求一些民营中小企业向本地区园区迁移注册地、阻碍民营中小企业迁移到其他地区等手段，不利于企业家在更大范围内配置资金等优势要素资源，阻碍全国统一的要素市场形成。

二、县域要素价格扭曲现象依旧存在

改革开放以来，伴随要素市场发展，我国要素价格形成机制不断理顺，价格市场化程度大幅提高。然而，受行政权力干扰、市场机制不完善等因素影响，部分要素市场价格扭曲问题、要素价格双轨制现象仍然存在，生产要素价格形成机制仍有待完善。

在资本市场上，由于资本市场、评级机制和风控机制等不健全不完善，再加上政府行政干预过于频繁，证券和债券的风险定价机制尚未真正建立，证券和债券等资产价格不能灵敏反映市场供求关系，尚未充分发挥其引导资金优化配置的功能，造成金融脱离实体经济运行。有的地方长期不允许本地企业注册基金投资公司，更不允许外地资金进来注册，实行闭关锁县政策，在一定程度上阻碍了资本市场深度融入全国市场。

在劳动力要素市场上，我国"体制内"和"体制外"劳动力要素市场存在严重分割，特别是国有企业和民营企业、同一行业的事业单位和民营企业的劳动力要素市场分割十分明显，集中表现为部分行业"体制内"和"体制外"的工资水平存在巨大差异，造成劳动力要素价格扭曲。各部门和区域市场分割的存在，显著扭曲了高、中、低技能的劳动力价格，同等技能者处于不同行业的收入差距大，如石油、金融等行业员工收入较高，而制造业等竞争性行业的税负较高、利润较低导致员工收入普遍较低。社会保障、工资、教育、住房制度阻碍了劳动力自由流动，职称、资格不能互认阻碍了高层次人力资源的优化配置，存在人员在地区间流动的制度约束。在调研中也发现，一些企业倒闭破产或者外迁，资金外流，而县域的失业率一路走高。

在土地市场上，我国在结束城市土地无价、无偿、无期限使用制度的同时，对城市土地供应实行双轨制，土地价格也随之形成双轨制，党政机关、学校和医院等事业单位用地实行行政划拨，对经营性用地实行有偿出让，迄今为止，行政划拨土地在我国还占较大比例，利用市场机制有偿转让的土地只是房地产用地，部分地方还存在工业用地行政定价及通过无偿划拨再变通为经营性用地现象。

在调研中，有的基层干部反映：据预测，今天现有的城镇化建设规模已经满足未来五十年的需求，不要再为了发展占用农田，无休止地修建钢筋水泥森林，今天在修建的每一栋楼房，百年后必将成为灾难。必须理性地叫停政府负债率过高、严重供过于求的基建项目。基建项目应该循序渐进，根据刚性需要规划，人口现如今是负增长，很多基建投入是无用的，应该把投资基建的钱花在改善民生方面。

在技术要素市场上，技术要素成果转化和市场化交易的主要矛盾在于"体制内"技术成果的产权界定不明晰，不利于有效市场交易的开展和市场价格的形成。在数据要素市场上，数据要素价格形成机制和资产估值方法还不完善等。

三、县域要素内外循环水平有待提高

随着我国"一带一路"的实施，我国不断推进"走出去"和"引进来"，着力提升全球要素资源配置能力，要素市场开放程度有所提升。然而，相对高质量发展要求，要素市场对内和对外双向循环的水平和层次仍较低。

一是体制机制障碍不利于资本市场双向开放。在对内开放方面，资本市场存在严格的管制，多层次资本市场尚未真正建立，民营企业还不能完全自由参与资本市场，资本要素在不同地区和市场之间转移还存在诸多障碍；在对外开放方面，我国资本市场尽管已经与国际资本市场建立联系和流动通道，但对境内外投资者、资金流动规模仍有诸多限制，在一定程度上阻碍了我国资本市场深度融入全球资本市场。此外，利率和汇率等尚未完全市场化，资金跨境流动仍受到诸多管制，跨境资本市场发展水平和层次都还有待提升。要素市场化规则不完善。资本、土地、技术、数据等要素的市场交易及市场运行机制没有建立，社会信用制度尚不完善，信息机制不透明导致市场交易缺乏信任基础。市场准入退出机制不完善，外资企业和内资企业的准入制度存在较大差异。有些行业如银行、证券、保险等市场准入门槛过高，以及劳动力市场诸多行业限制等，不利于建立公平竞争的市场秩序。上市公司等退出机制不完善，导致市场资源错配。

二是制度性藩篱阻碍劳动力要素市场对所有人才公平开放。一方面，劳动力要素市场的体制壁垒阻碍着市场对所有劳动力公平开放，限制了劳动力这一生产要素的优化配置。我国"体制内"和"体制外"人才存在严重分割，特别是国有企业和民营企业的劳动力要素市场分割十分明显；劳动力在垄断行业和竞争行业之间缺乏流动性，两个行业之间的职工收入存在巨大差异，不利于劳动力配置效率提升。另一方面，我国对国内人才和国际人才执行高度差别化的人才政策，也在一定程度上妨碍了劳动力资源的跨国流动配置。

三是用地指标的严格管制制约了土地资源的跨区域优化配置。土地市场的相关利益主体特别是各级政府对土地市场形成干预，中央政府通过行政审批、指标管理严格控制每年新增建设用地数量，各地方政府利用土地储备制度调节土地供应，一定程度上阻碍了土地资源跨区域动态优化配置，造成部分地区用地指标紧缺，价格飞涨，部分地区土地资源闲置，价格低迷的现象并存。

四是科技体制改革不到位制约着技术交易市场开放水平的提升。与发达国家普遍将发展技术要素市场作为优化配置全球科技资源，占领国际技术竞争制高点的重要手段相比，由于科研成果产权界定模糊、科技成果转化缺乏清晰的利益分享机制和有效的配套服务体系，我国科技领域存在重引进吸收轻自主创新、重投入轻产出、重研究轻商业化、重知识产权（专利）申请轻成果转化的倾向，再加上知识产权保护不足，我国大多只把技术要素市场视为技术商品的交易场所，导致技术要素市场对内对外开放水平不足，成果转化渠道不畅通。

五是数据要素制度性障碍突出。数据信息要素市场体系建设滞后，产权界定不清晰。对数据产权、流转、交易规则、技术规范、平台功能、企业信用等缺乏共识，交易法律风险认识不一，缺乏高效可行的交易模式。数字信息基础设施建设不均衡，城乡间、地区间、行业间仍存在"数字鸿沟"。数据治理规则没有可操作细则，缺乏统筹推进数据信息资源管理的机制和统筹协调的管理机构。当前，全球数字治理规则将进入重构关键期，美国和欧盟等发达经济体分别形成了以欧盟《通用数据保护条例》（GD-PR）为基础和以修订的《APEC隐私框架》为基础的全球跨境数据治理规则体系，我国提出的全球跨境数据治理规则与"欧盟规则"和"美国规则"存在比较大的差异，甚至是存在根本性分歧，在很大程度上存在着被全球跨境数据流动圈边缘化的风险。

四、县域要素垄断行为依然时有发生

随着我国经济体制改革不断深化，要素市场环境不断优化，但受体制机制制约及市场发育不完善影响，部分要素市场竞争仍不充分，竞争机制尚未充分发挥作用，阻碍了统一要素市场发展。要素垄断行为主要表现在政府歧视性行为和企业垄断行为未受到应有的约束，竞争中性的政策体系尚未完全建立。

首先，部分地方政府和部门，在推进要素市场建设过程中，没有坚持竞争中性的政策导向。宪法和法律法规尽管已经明确民营经济主体平等参与市场竞争、公平使用要素的权利，但仍有部分地方和部门或明或暗对民营经济主体参与要素市场竞争、获得并使用要素施加诸多限制，在市场准入、中小企业融资和土地使用等方面仍存在各种壁垒和困难，民营企业进入网络型自然垄断行业、公用事业、社会性服务等领域仍存在一些障碍。

其次，垄断行业改革相对滞后。自然垄断、行政垄断和经济垄断交织，阻碍了竞争性要素市场格局形成。一方面，国有经济战略性调整和国有企业改革还有待深化，国有资本的布局仍过宽，特别是竞争性领域；另一方面，部分地方滥用行政权力排除和限制竞争，对要素市场化配置和交易的条件施加不当干预，导致生产要素无法按市场规则有效配置。

最后，企业要素垄断行为多发。部分具备要素市场支配地位的企业，通过垄断高价和低价等行为，压制要素买入价格，抬高下游企业购入要素的价格，妨碍统一要素市场发展。例如，在劳动力要素市场上，部分企业利用垄断势力采用零工经济、派遣工等多种方式压低劳动力价格；在技术要素市场上，部分拥有垄断势力的企业利用其知识产权垄断权力，实施垄断高价行为。

五、县域要素市场治理效能亟待提高

市场经济是法制经济，完善的法律法规和高效的政府监管是要素市场有序的基本保证。经过多年发展，我国在县域要素市场法治规则和监管制度建设方面已有长足进展，治理能力提升明显，但与要素市场治理现代化要求仍有差距，要素市场治理能力相对偏弱，治理效能相对偏低，现代化步伐仍任重道远。

首先，要素市场建设的相关法律法规体系亟待完善。在要素市场建设和运行的很多方面如新兴要素监管尚存在法规真空，符合我国垄断行业特点的监管规则尚未建立，部分维护要素市场运行的法律法规，例如反垄断法、价格法、劳动者权益保护法、土地管理法等部分条款，已经过时或者存在"法条竞合问题"，不能完全适应当前要素市场建设要求，无法有效规范市场主体行为，维护市场竞争秩序，亟待修订完善。

其次，部分新兴要素市场领域治理尚需加强。在新一轮机构改革中，市场监管的统一性大大加强，但在部分要素市场，仍存在多头监管和重复监管问题；在知识产权、数据等一些新兴要素领域，由于监管制度设计、监管力量配置等方面未能跟上要素市场发展的步伐，导致部分领域出现了"有价无市或有市无价"、监管空白和监管失灵。调研中有的群众反映，乡村需要的不是农管下乡，而是要政策下乡、国家资本下乡，把土地流转为公有制度，统一规划生产，把农民进行编制，按工时发放工资，缴纳五险一金，让农民收入无忧，生病无忧，养老无忧。

最后，公平竞争审查制度和竞争中性政策尚待加强完善。部分部门和地方政府出于部门和地方利益考量，往往在制定政策时，偏离了竞争中性原则，再加上公平竞争审查制度建立时日尚短，仍存在妨碍统一要素市场建设的各种规定和做法。以资本市场为例，按照"竞争中立"的要求，国有金融机构为企业提供融资，须保证融资条件与市场利率相一致，但实践中，国有企业债务在很多条件下，可以减免、豁免、展期、债转股，民营企业却很难得到平等待遇，资本市场运行的有序性和公正性受到了质疑。也有基层干部反映，互联网的发展很重要，科技的发展很重要，但现如今太多的人不敢创业。电商假冒伪劣产品毫无下限，直播带货毫无底线，能力实力不重要了，能有流量坑人卖货就是人才，网红思维已经废了一些年轻人，相关部门应该有所作为。

总之，深化要素市场化配置改革，健全要素市场运行机制。要素市场化配置水平是我国市场体系是否成熟的标志。由于要素市场发育相对滞后，市场配置资源的体制机制障碍依然存在，新型要素的产权、定价、交易等机制尚未确立，这些都成为全国统一大市场建设的关键短板，需要构建各类生产要素统一市场。如通过建立城乡统一的建设用地、产业用地市场推进土地要素市场化配置，深化户籍制度改革引导劳动力要素自由有序流动，通过多层次资本市场体系推进资本要素市场化配置，促进技术要素与资本要素融合发展，完善科技创新资源配置方式，积极引导培育大数据交易市场。不仅要推进构建各类要素统一市场，更要发挥要素市场化价格的引导作用，促进要素市场运行机制形成，实现要素资源的高效配置，实现各类要素向创新性要素集聚，形成创新性竞争优势。

本章小结

在推进县域城乡要素自主有序流动，提高要素配置效率，进一步激发全社会创造力和市场活力，推动经济发展质量变革、效率变革、动力变革的进程中，我国进行了积极探索，在推进农业人口市民化、土地、资本、技术、数据、监管改革进程中，取得了一定的成效，也指出了下列问题：庞大的乡村资源沉睡，乡村产权、债权、股权定价不清，资产闲置；乡村发展、乡村建设和乡村治理上，财政和社会资金缺口较大且资金低效的状况仍有待改善；资本下乡存在认识上的误区以至于造成乡村资本缺失、资本错配的薄弱环节。在宏观层面，对城乡要素流动面临体制和政策障碍造成市场割裂、价格扭曲、循环不畅、垄断行为、市场治理等方面存在的突出问题进行了分析。项目为要，实业兴邦。在客观上，由于乡村振兴产业项目谋划存在短板，缺乏吸纳要素的好项目、好平台、好载体；在主观上，实用主义导致了要素城市吸纳、乡村单向流动，科技成果转化不畅，涉农民营中小企业和农户融资难、融资贵，要素市场治理存在"有价无市或有市无价"的现象，也导致县域经济缺少原动力、支撑力和持久力。当人道主义精神超越实用主义精神，当整个社会出现大量愿意不计成本服务弱者的社会群体时，必将实现中国式的现代化。

第五章　我国县域城乡要素流动的制度与政策

　　党的十八大以来，我国统一要素市场的基本框架初步形成，要素市场化改革、高标准市场体系建设、建设全国统一大市场，是社会主义市场经济体制改革的"三部曲"。国家相继出台了关于构建更加完善的要素市场化配置、建设高标准市场体系和构建全国统一大市场的文件，充分显示了我国社会主义市场经济制度体系建设的连续性和紧迫性。要素市场化配置改革完成和高标准市场体系建成，都需要全国统一的大市场才能得以实现。政策与策略是党的生命，政府要通过制度建设、制度供给等为市场提供激励、监督和约束，让市场在资源配置中发挥决定性作用。

第一节　县域城乡要素流动的整体设计

　　中共中央、国务院一直高度重视城乡融合发展并出台了一系列的政策规划，为确保畅通城乡要素市场流动明晰道路。2020年4月，中共中央、国务院印发《关于构建更加完善的要素市场化配置体制机制的意见》（以下简称《意见》）这一纲领性文件，作为加快城乡要素流动和市场化配置的总体布局和顶层设计，明确了政府从"定价格"向"定规则"转变的改革方向，明确了土地、劳动力、资本、技术、数据五大要素市场的改革突破点。

一、着力引导劳动力要素合理畅通有序流动

畅通落户渠道、畅通职称评审渠道，针对劳动者最关心的话题，《意见》提出，深化户籍制度改革。推动超大、特大城市调整完善积分落户政策，探索推动在长三角、珠三角等城市群率先实现户籍准入年限同城化累计互认。试行以经常居住地登记户口制度。劳动力在各生产要素中是最活跃的，提高劳动力市场化配置水平，对经济社会发展具有极重要的意义。《意见》强调，"深化户籍制度改革，畅通落户渠道，有助于推进以人为本的新型城镇化，建立城乡统一的劳动力市场。"《意见》提出，完善技术技能评价制度。以职业能力为核心制定职业标准，进一步打破户籍、地域、身份、档案、人事关系等制约，畅通非公有制经济组织、社会组织、自由职业专业技术人员职称申报渠道。推进社会化职称评审，将进一步提高高素质劳动力的创造性，激发非公有制经济组织、社会组织和自由职业者的积极性，推动我国从人口大国向人力资源强国转变。

二、着力增强土地管理灵活性

在推进土地要素市场化配置方面，着力增强土地管理灵活性，重点是灵活产业用地方式和灵活土地计划指标管理。《意见》瞄准各类要素市场存在的突出矛盾和薄弱环节，有针对性地提出了改革思路和具体举措。近年我国城市化进程一个重要特点是大都市圈和城市群加快发展，各种生产要素向这些区域集中，要求打通城乡人员、资金、技术、土地等要素的双向流动通道。《意见》提出，建立健全城乡统一的建设用地市场。健全长期租赁、先租后让、弹性年期供应、作价出资（入股）等工业用地市场供应体系；推动不同产业用地类型合理转换，探索增加混合产业用地供给。鼓励盘活存量建设用地。城乡建设用地指标使用应更多由省级政府负责。土地是最基本的生产生活要素，增强土地管理灵活性，将为促进城乡融合发展和经济高质量发展提供新的动力源。

三、着力完善多层次的资本市场制度

资本市场对经济发展的作用日趋增大，《意见》提出制定出台完善股票市场基础制度的意见。改革完善股票市场发行、交易、退市等制度。完善投资者保护制度，推动完善具有中国特色的证券民事诉讼制度。统一公司信用类债券信息披露标准。按照规范、透明、开放、有活力、有韧性的要求，完善资本市场基础性制度，放松和取消不适应发展需要的管制，提升市场活跃度，发挥好资本市场的枢纽作用。为解决中小企业融资难、融资贵等问题，《意见》还提出：构建多层次、广覆盖、有差异、大中小合理分工的银行机构体系；放宽金融服务业市场准入。

四、着力激发技术供给活力，促进科技成果转化

我国技术要素市场面临产权制度亟须改革完善，激励机制不畅，科技成果转化渠道有待进一步疏通等问题。《意见》在技术要素配置上有两大突破，其一激活技术产权激励，其二激活中介服务活力。《意见》提出，健全职务科技成果产权制度。深化科技成果使用权、处置权和收益权改革，开展赋予科研人员职务科技成果所有权或长期使用权试点，建立市场化社会化的科研成果评价制度。《意见》明确，培育发展技术转移机构和技术经理人。加强国家技术转移区域中心建设。开展创新要素跨境便利流动试点，发展离岸创新创业，探索推动外籍科学家领衔承担政府支持科技项目。对于疏通科研成果转化途径，形成市场化社会化的科技成果评价体系，发挥企业创新主体作用，构建国家技术创新体系，进一步拓宽国际科技交流具有重大意义，是我国步入创新发展阶段的重大举措。

五、着力加快培育数据要素市场

《意见》明确了数据这一新型要素市场化配置的改革方向。随着信息经济发展，以大数据为代表的信息资源向着生产要素的形态演进。《意见》提出，推进政府数据开放共享，制定出台新一批数据共享责任清单。提升社

会数据资源价值，培育数字经济新产业、新业态和新模式。这些措施针对性很强，将助推数字技术和数字经济进一步发展。世界各国都把推进经济数字化作为实现创新发展的重要动能，在前沿技术研发、数据开放共享、隐私安全保护、人才培养等方面做出前瞻性布局。我国也亟须加强相关市场规则的建设。《意见》提出，加强数据资源整合和安全保护，研究根据数据性质完善产权性质，制定数据隐私保护制度和安全审查制度等。这有利于探索建立统一的数据标准规范，支持构建多领域数据开发利用场景，全面提升数据要素价值。

六、完善要素价格形成机制和市场运行机制

落实要素市场化配置，关键在于处理好政府与市场的关系。《意见》从更好发挥政府作用的角度，明确政府对要素价格、市场运行的调节和监管内容。《意见》提出，完善主要由市场决定要素价格的机制；健全生产要素由市场评价贡献、按贡献决定报酬的机制，全面贯彻落实以增加知识价值为导向的收入分配政策。在健全要素市场运行机制方面，《意见》明确，健全要素市场化交易平台，健全科技成果交易平台，引导培育大数据交易市场；完善要素交易规则和服务，研究制定土地、技术市场交易管理制度；提升要素交易监管水平，打破地方保护；增强要素应急配置能力。政府从"定价格"向"定规则"转变，充分体现了最大程度发挥市场决定价格的改革方向。市场交易是市场形成价格的前提，是我国要素市场运行机制的薄弱环节，需要加强建设。

七、出台《要素市场化配置综合改革试点总体方案》

为深入贯彻落实中共中央、国务院《关于构建更加完善的要素市场化配置体制机制的意见》，2021 年 12 月 21 日，国务院办公厅以国办发〔2021〕51 号印发通知，公布《要素市场化配置综合改革试点总体方案》，进一步明确工作目标：2021 年，启动要素市场化配置综合改革试点工作。2022 年上半年，完成试点地区布局、实施方案编制报批工作。到 2023 年，

试点工作取得阶段性成效,力争在土地、劳动力、资本、技术等要素市场化配置关键环节上实现重要突破,在数据要素市场化配置基础制度建设探索上取得积极进展。到 2025 年,基本完成试点任务,要素市场化配置改革取得标志性成果,为完善全国要素市场制度做出重要示范。不断完善产权保护、市场准入、公平竞争、社会信用等市场经济基础制度,实现准入畅通、开放有序、竞争充分、行为规范,着力清除市场壁垒,提高资源配置效率和公平性,充分发挥我国巨大市场潜力,聚集国内外资源要素,为构建新发展格局提供坚实支撑。

第二节　县域城乡要素流动制度的概述

制度决定人的行为,决定资源的配置,决定各种资源开发利用。人们通常认为,经济增长是由资本、技术、劳动力等生产要素的投入带来的,不考虑或很少考虑经济增长的制度因素,而只是把它作为研究经济增长已知的、既定的前提或外生的变量。然而,制度创新却能在物质生产要素不变,尤其是技术不变时,提高效率,促进经济增长。制度因素对经济增长起着客观的制约作用。因此,研究县域经济增长不能撇开制度因素。

林毅夫先生在《新结构经济学》[①]中,将制度区分为两种:制度安排和制度结构。制度安排是指管束规定行动模式和关系的一套行为规则;制度结构被定义为一个社会中正式和非正式的制度安排的总和。制度决定人的行为,决定资源的配置,决定各种资源能否得到利用及利用的效率。对一个社会的经济增长或经济发展来说,制度是重要的而且是至关重要的。

制度也是经济政策。20 世纪 80 年代,我国的农村经济体制改革带来了巨大增长动力。实行农村联产承包责任制,在人口、土地资源和生产技术没有太大变化的情况下,迅速提高了粮食产量,同时带动了乡镇企业异军突起,解决了中国十亿人的温饱问题。

诺贝尔经济学奖获得者、美国经济学家基德兰德认为,一个国家、一

---

① 林毅夫:《新结构经济学》,北京大学出版社,2012。

个地区经济发展快慢的关键因素是政府的经济政策。他列举了来自美洲、欧洲、亚洲6个国家及2个拉丁美洲国家（智利和墨西哥）的数据，通过各国的经济数据进行说明，在过去30年，这8个国家有的发展很快，有的发展速度较低，有些国家人均生产总值可以达到人均1万美元，有的只是一个小的数字。这些国家的发展轨迹非常不同，主要原因取决于国家所在的地区和国家受不同经济政策以及体制机制所带来的影响。

一、高度重视要素流动制度体系建设

首先，我国把要素流动制度建设作为加快完善社会主义市场经济体制的重要内容。2020年4月，中共中央、国务院出台《关于构建更加完善的要素市场化配置体制机制的意见》，进一步明确了市场体系是由商品及服务市场和土地、劳动力、资本、技术、数据等要素市场构成的有机整体。改革开放以来，我国97%以上的商品和服务价格已由市场定价，劳动力、土地、资本、技术、数据等要素市场从无到有、从小到大。但与商品和服务市场相比，要素市场建设仍相对滞后。《意见》指出"要素市场化配置范围相对有限，要素流动存在体制机制障碍，要素价格形成机制不健全"。加快完善社会主义市场经济体制，推动经济高质量发展，必须深化要素市场化配置改革。党的十九大报告指出，经济体制改革必须以完善产权制度和要素市场化配置为重点，实现产权有效激励、要素自由流动、价格反应灵活、竞争公平有序、企业优胜劣汰。党的十九届四中全会提出，推进要素市场制度建设，实现要素价格市场决定、流动自主有序、配置高效公平。从党的二十大报告提出"构建全国统一大市场，深化要素市场化改革，建设高标准市场体系"，到党的二十届三中全会提出"完善要素市场制度和规则，推动生产要素畅通流动、各类资源高效配置、市场潜力充分释放"，其中贯穿一个改革亮点——建设高标准市场体系重在完善要素市场制度。

其次，建设全国统一大市场的核心是建设高标准市场体系。国家《"十四五"规划纲要》提出，"十四五"基本目标是基本建成高标准市场体系。2021年国办印发《高标准市场体系建设行动方案》提出用5年时间基本建成统一开放、竞争有序、制度完备、治理完善的高标准市场体系，要求坚持产权保护、市场准入、公平竞争三项基础制度，形成了打通流通大动脉、畅通市场循环的一系列制度举措。2022 年 4 月，中共中央、国务院发布的《关于加快建设全国统一大市场的意见》揭示了建设全国统一大市场的核心是建设高标准市场体系。这一文件提出要坚持统一的产权保护、市场准入、公平竞争、信用制度四项市场制度规则，畅通市场循环，打造统一要素市场，规范市场不当竞争行为，打破市场壁垒，打通制约经济循环的关键堵点，形成高效、竞争和开放的全国统一大市场，以加快构建新发展格局，激发市场主体创新活力。

第三，建设全国统一大市场的目的是促进生产要素自由流动。我国经济体制改革的核心是调整规范政府和市场的边界关系。生产要素与商品属性不同，比如劳动力要素附着在劳动者个体身上，土地要素天然带有一定公共性，因此，要素市场建设不能完全等同于商品市场建设，要充分发挥市场配置资源的决定性作用，更好发挥政府作用，打造有效市场与有为政府相结合。为此，推进要素市场化配置，要坚持安全可控，从实际出发，尊重客观规律，因地制宜稳步推进。党的十九大报告提出要素市场化配置是下一步改革任务。2020 年 4 月，中共中央、国务院发布《关于构建更加完善的要素市场化配置体制机制的意见》，提出了如何破除阻碍要素流动的体制机制障碍，建设要素市场制度，健全要素市场体系，实现要素价格由市场决定，要素流动自主有序和高效公平配置。这成为建设全国统一大市场的起点，也成为全国统一大市场实现市场畅通、降低市场交易成本、促进科技创新和形成竞争优势的核心内容和坚实的制度基础。2022 年 4 月，中共中央、国务院发布《关于加快建设全国统一大市场的意见》。这一文件提出，为破除妨碍各种生产要素市场化配置和商品服务流通的体制机制障碍，要通过市场需求引导创新资源有效配置，促进创新要素有序流动和合理配置。这一文件在"打造统一的要素和资源市场"部分进一步强调，健全城乡统一的土地和劳动力市场，加快发展统一的资本市场，加快培育统一的技术和数据市场，建设全国统一的能源市场，培育发展全国统一的生态环境市场。

《关于构建更加完善的要素市场化配置体制机制的意见》《高标准市场体系建设行动方案》和《关于加快建设全国统一大市场的意见》被称为改革"三部曲"的三个文件，内容环环相扣，构建了完整的市场经济体制改革的制度体系。

二、进一步完善制度建设的体制机制

党的十八大以来，我国完善了主要由市场决定要素价格的机制和健全要素市场运行机制。主要体现在以下几个方面：

一是完善城乡基准地价、标定地价的制定，逐步形成了与市场价格挂钩的动态调整机制。采取综合措施逐步理顺水资源价格，促进水资源保护和节约使用。深化资源型产品、垄断行业及农产品等重点领域的价格形成机制改革。

二是健全了最低工资标准调整、工资集体协商和企业薪酬调查制度，完善事业单位岗位绩效工资制度。建立公务员和企业相当人员工资水平调查比较制度，落实了工资正常调整机制。

三是稳妥推进存贷款基准利率与市场利率并轨，提高债券市场定价效率，并健全反映市场供求关系的国债收益率曲线，更好发挥国债收益率曲线定价基准作用。增强人民币汇率弹性，保持人民币汇率在合理均衡水平上的基本稳定。健全金融监管体系，加强金融监管，完善金融机构法人治理结构，加强宏观审慎管理制度建设。加强功能监管和行为监管，守住不发生系统性金融风险的底线。

四是加强了要素价格管理和监督，引导市场主体依法合理行使要素定价自主权，推动政府定价机制由制定具体价格水平向制定定价规则转变。构建要素价格公示和动态监测预警体系，并逐步建立要素价格调查和信息发布制度，完善要素市场价格异常波动调节机制。加强要素领域价格反垄断工作，维护要素市场价格秩序。进一步健全生产要素由市场评价贡献、按贡献决定报酬的机制。着重保护劳动所得，增加劳动者特别是一线劳动者劳动报酬，提高劳动报酬在初次分配中的比重。全面贯彻落实以增加知识价值为导向的收入分配政策，充分尊重科研、技术、管理人才，充分体现技术、知识、管理、数据等要素的价值。

五是健全了要素市场化交易平台。拓展公共资源交易平台功能。健全科技成果交易平台，完善技术成果转化公开交易与监管体系。引导培育大数据交易市场，依法合规开展数据交易。支持各类所有制企业参与要素交易平台建设，规范要素交易平台治理，健全要素交易信息披露制度。

六是完善要素交易规则和服务，研究制定了土地、技术市场交易管理制度。建立健全数据产权交易和行业自律机制。推进全流程电子化交易。推进实物资产证券化，鼓励要素交易平台与各类金融机构、中介机构合作，形成涵盖产权界定、价格评估、流转交易、担保、保险等业务的综合服务体系。提升了要素交易监管水平，打破地方保护，加强反垄断和反不正当竞争执法，规范交易行为，健全投诉举报查处机制。

七是加强信用体系建设，完善失信行为认定、失信联合惩戒、信用修复等机制，健全交易风险防范处置机制。增强了要素应急配置能力，适应应急物资生产调配和应急管理需要，建立对相关生产要素的紧急调拨、采购等制度，提高应急状态下的要素高效协同配置能力。鼓励运用大数据、人工智能、云计算等数字技术，在应急管理、疫情防控、资源调配、社会管理等方面更好发挥作用。随着全国统一大市场加快建设，要素流通制度环境持续改善，我国生产要素质量和配置水平显著提升。

目前，我国制度供给仍是最大的短板，传统的思维方式、传统的管理方式、传统的行政管理体制，限制了新产业、新业态、新模式的发展。要通过制度和机制创新为生产力水平的提升提供新动能。从政府层面讲，主要是为市场公平竞争创造良好宽松的环境，包括体制机制创新、制度创新、政策创新、科技创新等；从企业层面讲，主要是优化生产要素配置，提高全要素生产率，完善供给体系，提高供给质量，实现企业效益和生产力水平的持续提升。政府要通过制度建设、制度供给等为市场提供激励、监督和约束，让市场在资源配置中发挥决定性作用。

我国经济体制和制度创新的空间还很大。未来的经济发展和财富增长主要靠制度和机制创新，要继续推进农村土地制度、农业经营体系、农村集体产权制度、农民自治制度几项关键改革，要深化产权制度改革，党的十九大报告明确提出"经济体制改革必须以完善产权制度和要素市场化配置为重点"。依法保护各种所有制经济产权和合法利益，依法保护各种所有制经济组织和自然人财产权，确保民营企业不把财产转移到国外，为未来十几年经济发展注入长期动力。

党的二十大报告进一步明确提出，"健全资源环境要素市场化配置体系"。这是我国资源环境领域的重大基础性机制创新，有利于促进要素自主有序流动、提高配置效率，提升包括资源环境要素在内的绿色全要素生产率，引导各类资源要素向绿色低碳发展集聚，并让经营主体在保护生态环境中获得合理回报。健全资源环境要素市场化配置体系，是激发绿色发展动能的有效途径。习近平总书记指出，"要推动有效市场和有为政府更好结合。把碳排放权、用能权、用水权、排污权等资源环境要素一体纳入要素市场化配置改革总盘子，支持出让、转让、抵押、入股等市场交易行为"。①扩大要素市场化配置范围，健全要素市场体系，推进要素市场制度建设，对于推动高质量发展、建设现代化经济体系具有重要意义。

三、加快制度体系的创新步伐

城乡要素流动制度在县域经济发展中，要发挥更大的作用，必须加快制度体系的创新步伐。

首先，在制度体系创新中，要把握以下几个方面。一是制度通过明确规则，增加资源的可获得性，提高信息的透明度，减少经济活动的不确定性和风险性，降低交易成本和信息成本，从而促进市场更好地运行；二是制度可以通过明确界定的产权，促使个人的经济努力转化成私人收益率接近于社会收益率的活动，从而为经济发展提供更强的动力；三是制度通过对财产权利和知识产权的保护，可以促进技术创新和大批企业家的涌现，从而为经济打下良好的微观基础；四是制度作为"矫正价格""矫正政策"

---

① 《习近平：以美丽中国建设全面推进人与自然和谐共生的现代化》，中国政府网，https://www.gov.cn/yaowen/liebiao/202312/content_6923651.htm。

的核心，只有通过建立起适应市场经济发展需要的制度结构，才能够真正"矫正"由市场或政府所造成的价格扭曲或政策扭曲；五是作为非正式制度安排的意识形态是一种节约信息费用的工具，因而可以减少其他制度安排的费用，而且成功的意识形态可以克服"搭便车"的问题，有利于维护社会稳定；六是制度通过建立社会活动的基本规则，扩大了人类在经济、政治、法律、文化等领域的选择机会，从而进一步丰富了县域经济发展的内涵。

其次，供给制度创新。一方面要通过进一步推进市场化改革和完善市场机制，积极发挥市场对资源配置的决定性作用，通过调整各类扭曲性政策和制度安排，激发市场主体活力；另一方面要在继续实施积极财政政策和稳健货币政策的前提下，适度扩大总需求，努力实现供需平衡从低水平向高水平跃升。

第三，政府管理制度创新。深化政府机构的"放管服"改革，为企业放权，为社会松绑，释放被压抑的生产力。建立现代财政制度。深入推进财税改革，完善税制、调整事权、减税降费，形成政府与企业、中央与地方之间稳定的经济关系以及规范的政府财政管理制度。增强市场主体活力，提升经济创新力和竞争力。

最后，科技体制创新。体制创新是科技进步和创新的保证，要深化科技体制改革，形成符合市场经济要求和发展规律的新机制，优化科技资源配置，加强技术集成，进一步解决科技与经济脱节问题，破除束缚创新和成果转化的制度障碍，完善科技成果转移转化机制。推进国家创新体系建设，促进企业成为技术进步和创新的主体。提高企业创新能力；推动健全现代大学制度和科研院所制度，培育面向市场的新型研发机构，构建更加高效的科研组织体系；形成充满活力的科技管理和运行机制，为创新发展提供持续动力。健全完善以企业为主体、市场为导向的技术创新体系，构建高等学校、科研院所治理结构和发展机制，深入县域生产一线，建立企业院校合作机制，破解企业发展中的问题，提高国家创新体系整体效能。

第三节 县域城乡要素流动政策的创新

党的十八大报告指出："坚持把使市场在资源配置中起决定性作用作为全面深化改革的重要取向，加快形成统一开放、竞争有序的市场体系，清除市场壁垒，提高资源配置效率。坚持从广度和深度上推进市场化改革，把政府不该管的事交给市场，减少政府对资源的直接配置和对微观经济活动的直接干预，把市场机制能有效调节的经济活动交给市场，推动资源配置实现效益最大化和效率最优化。"为推动自然资源资产产权制度改革，中央出台了一系列相关文件，

2013 年 11 月 9 日，党的十八届三中全会通过的中共中央《关于全面深化改革若干重大问题的决定》中提出，要健全自然资源资产产权制度和用途管制制度，明确强调："产权是所有制的核心"，"国家保护各种所有制经济产权和合法利益"。重申要"健全归属清晰、权责明确、保护严格、流转顺畅的现代产权制度。"

2015 年 11 月 10 日，习近平总书记在中央财经领导小组第十一次会议上首次提到"供给侧结构性改革"，就是从提高供给质量出发，用改革的办法推进结构调整，矫正要素配置扭曲，扩大有效供给，提高供给结构对需求变化的适应性和灵活性，提高全要素生产率，更好满足广大人民群众的需要，促进经济社会持续健康发展。

2016 年 1 月 26 日下午，习近平总书记在主持召开的中央财经领导小组第十二次会议上强调，"供给侧结构性改革的根本目的是提高社会生产力水平，落实好以人民为中心的发展思想。要在适度扩大总需求的同时，去产能、去库存、去杠杆、降成本、补短板，从生产领域加强优质供给，减少无效供给，扩大有效供给，提高供给结构适应性和灵活性，提高全要素生产率，使供给体系更好适应需求结构变化"。[1] 经过多年不懈努力，我国农业农村发展不断迈上新台阶，已进入新的历史阶段。农业的主要矛盾由总量不足转变为结构性矛盾，突出表现为阶段性供过于求和供给不足并存，

---

[1] 《习近平主持召开中央财经领导小组第十二次会议 李克强刘云山张高丽出席》，中国政府网，https://www.gov.cn/xinwen/2016-01/26/content_5036419.htm。

矛盾的主要方面在供给侧。近几年，我国在农业转方式、调结构、促改革等方面进行积极探索，为进一步推进农业转型升级打下一定基础，但农产品供求结构失衡、要素配置不合理、资源环境压力大、农民收入持续增长乏力等问题仍很突出，增加产量与提升品质、成本攀升与价格低迷、库存高企与销售不畅、小生产与大市场、国内外价格倒挂等矛盾亟待破解。必须顺应新形势新要求，坚持问题导向，调整工作重心，深入推进农业供给侧结构性改革，加快培育农业农村发展新动能，开创农业现代化建设新局面。

2016年12月31日，中共中央、国务院出台《关于深入推进农业供给侧结构性改革加快培育农业农村发展新动能的若干意见》，从2016年开始，我国最大的改革是农村第二次土地改革。这一次"土改"，农村土地通过确权，可以到市场流转，部分土地可以资产化，农民通过交易流转盘活手中的土地，获得财产性收益。

2016年12月26日，中共中央、国务院印发《关于稳步推进农村集体产权制度改革的意见》，明确指出，引导农村产权规范流转和交易。鼓励地方特别是县乡依托集体资产监督管理、土地经营权流转管理等平台，建立符合农村实际需要的产权流转交易市场，开展农村承包土地经营权、集体林权、"四荒"地使用权、农业类知识产权、农村集体经营性资产出租等流转交易。县级以上地方政府要根据农村产权要素性质、流转范围和交易需要，制定产权流转交易管理办法，健全市场交易规则，完善运行机制，实行公开交易，加强农村产权流转交易服务和监督管理。维护进城落户农民土地承包权、宅基地使用权、集体收益分配权，在试点基础上探索支持引导其依法自愿有偿转让上述权益的有效办法。

党的十九大报告强调要"坚持全面深化改革"，"坚决破除一切不合时宜的思想观念和体制机制弊端，突破利益固化的藩篱，吸收人类文明有益成果，构建系统完备、科学规范、运行有效的制度体系"；要"着力构建市场机制有效、微观主体有活力、宏观调控有度的经济体制"。

2018年1月2日，中共中央、国务院印发《关于实施乡村振兴战略的意见》，明确提出：加快推进集体经营性资产股份合作制改革。推动资源变资产、资金变股金、农民变股东"三变"改革，探索农村集体经济新的实现形式和运行机制。

2019 年 4 月 14 日，中共中央办公厅、国务院办公厅出台《关于统筹推进自然资源资产产权制度改革的指导意见》，明确了实现自然资源资产产权归属清晰、权责明确、保护严格、流转顺畅、监管有效的改革目标，将全民所有自然资源资产所有权代表行使主体，登记为国务院自然资源主管部门，逐步实现自然资源确权登记全覆盖。要落实承包土地所有权、承包权、经营权"三权分置"，开展经营权入股、抵押。探索宅基地所有权、资格权、使用权"三权分置"。在用途管制的前提下，探索允许农村集体经营建设用地入市。

2019 年 4 月 15 日，中共中央、国务院印发《关于建立健全城乡融合发展体制机制和政策体系的意见》，指出：为重塑新型城乡关系，走城乡融合发展之路，"以协调推进乡村振兴战略和新型城镇化战略为抓手，以缩小城乡发展差距和居民生活水平差距为目标，以完善产权制度和要素市场化配置为重点，坚决破除体制机制弊端，促进城乡要素自由流动、平等交换和公共资源合理配置，加快形成工农互促、城乡互补、全面融合、共同繁荣的新型工农城乡关系，加快推进农业农村现代化。"这一《意见》的实施，让一切劳动、知识、管理、资本的活力竞相迸发，让一切创造财富的源泉充分涌流，在我国城乡进一步形成了劳动力、土地、资金、技术、数据汇聚的良性循环，让发展成果更多更公平地惠及欠发达地区和农村低收入人口，为欠发达地区和农村低收入人口注入新动能，激活欠发达地区和农村低收入人口的潜伏力，为打赢脱贫攻坚战和全面推进乡村振兴发挥了重要作用。

2021 年 4 月 29 日，十三届全国人大常委会第二十八次会议通过公布的《中华人民共和国乡村振兴促进法》也提出，要"建立健全城乡融合发展的体制机制和政策体系，推动城乡要素有序流动、平等交换和公共资源均衡配置，坚持以工补农、以城带乡，推动形成工农互促、城乡互补、协调发展、共同繁荣的新型工农城乡关系"。

2022 年 4 月 10 日，中共中央、国务院出台《关于加快建设全国统一大市场的意见》，强调"以要素为产业发展赋能"，要求加快建立全国统一的市场制度规则，打破地方保护和市场分割，打通制约经济循环的关键堵点，促进商品要素资源在更大范围内畅通流动，加快建设高效规范、公平竞争、充分开放的全国统一大市场。

党的二十大报告指出，"要全面推进乡村振兴，坚持农业农村优先发展，坚持城乡融合发展，畅通城乡要素流动。加快建设农业强国，扎实推动乡村产业、人才、文化、生态、组织振兴"，"健全资源环境要素市场化配置体系"，再次强调"构建全国统一大市场，深化要素市场化改革，建设高标准市场体系"。

2022 年 12 月 14 日，中共中央、国务院颁布《扩大内需战略规划纲要（2022—2035 年）》，进一步强调"提升要素市场化配置水平"，提出"探索通过土地、资本等要素使用权、收益权增加中低收入群体要素收入"。

2023 年 7 月 24 日，中共中央政治局召开会议，分析研究当前经济形势，部署下半年经济工作。会议强调"活跃资本市场，提振投资者信心"。加强民间投资融资、用地等要素保障，支持民间资本参与盘活国有资产，盘活改造各类闲置房产等。

2024 年 2 月 19 日，中央全面深化改革委员会第四次会议审议通过了《关于改革土地管理制度增强对优势地区高质量发展保障能力的意见》，习近平总书记在主持会议时强调，"要建立健全同宏观政策、区域发展更加高效衔接的土地管理制度，提高土地要素配置精准性和利用效率，推动形成主体功能约束有效、国土开发协调有序的空间发展格局，增强土地要素对优势地区高质量发展保障能力"。[①]

2024 年 7 月 18 日，中国共产党第二十届中央委员会第三次全体会议通过的《中共中央关于进一步全面深化改革、推进中国式现代化的决定》，明确指出，健全相关规则和政策，加快形成同新质生产力更相适应的生产关系，促进各类先进生产要素向发展新质生产力集聚，大幅度提升全要素生产率。

---

① 《习近平主持召开中央全面深化改革委员会第四次会议强调：增强土地要素对优势地区高质量发展保障能力 进一步提升基层应急管理能力》，中国政府网，https://www.gov.cn/yaowen/liebiao/202402/content_6932052.htm。

本章小结

　　党的十八大以来，为深化要素市场化配置改革，国家加强了顶层设计，相继出台了《关于构建更加完善的要素市场化配置体制机制的意见》《高标准市场体系建设行动方案》《关于加快建设全国统一大市场的意见》等，被称为改革"三部曲"的这三个文件，内容环环相扣，构建了完整的市场经济体制改革的制度体系。明确了政府从"定价格"向"定规则"转变的改革方向，强调建设统一的要素市场是全国统一大市场和现代化经济体系的重要组成部分，尊重市场配置要素资源这个市场经济的一般规律，坚持把统一要素市场建设作为供给侧结构性改革重要突破口和新发展格局构建的关键内容，努力建设体系健全、功能多样、层次分明、内外畅通、高效规范的全国统一要素市场，实现产权有效激励、要素自由流动、要素平等交换、价格反应灵活、公平竞争充分、市场开放有序，推动我国从要素市场大国向要素市场强国迈进。明确了改革的时序和具体目标，2021年，启动要素市场化配置综合改革试点工作。2022年上半年，完成试点地区布局、实施方案编制报批工作。到2023年，试点工作取得阶段性成效，力争在土地、劳动力、资本、技术等要素市场化配置关键环节上实现重要突破，在数据要素市场化配置基础制度建设探索上取得积极进展。到2025年，基本完成试点任务，要素市场化配置改革取得标志性成果，为完善全国要素市场制度做出重要示范。中共中央、国务院先后印发了《关于全面深化改革若干重大问题的决定》《关于深入推进农业供给侧结构性改革加快培育农业农村发展新动能的若干意见》《关于稳步推进农村集体产权制度改革的意见》《关于统筹推进自然资源资产产权制度改革的指导意见》《关于建立健全城乡融合发展体制机制和政策体系的意见》《扩大内需战略规划纲要（2022—2035年）》《中共中央关于进一步全面深化改革、推进中国式现代化的决定》等等，国家就建立更加完善的要素市场化配置体制机制出台了一系列政策和法规，特别是党的二十大报告强调"构建全国统一大市场，深化要素市场化改革，建设高标准市场体系"，党的二十届三中全会《决定》也指出，"健全相关规则和政策，加快形成同新质生产力更相适应的生产关系，促进各类先进生产要素向发展新质生产力集聚，大幅度提升全要素生产率"。以上制度和政策安排，为我们畅通城乡要素流动的研究提供了改革方向、政策遵循和法律依据。

第六章 畅通县域城乡要素流动的创新模式与典型案例

近年来，我国从城乡要素市场建设着眼，坚持破立并举，针对县域城乡要素市场发展相对滞后、乡村资源沉睡、资产闲置、资金沉淀、资本缺失、市场竞争不充分、市场规则不完善和监管不到位等问题，在大力发展新质生产力，推动以要素重组升级为核心的农业产业化革命，推动农业产业组织和产业形态变革调整，在不断提升全要素生产效率的实践中，全国各地探索出来一批可复制、可推广的机制和模式，在调研中我们发现了一批典型案例，我们从中选取了 12 个经典案例进行了分析研究。

第一节 破解资源要素制约模式

一、四川省成都市郫都区探索"共享田园"

（一）案例介绍

四川省成都市郫都区是四川省农村土地制度改革的发端之地。2015 年 3 月，成都市郫都区成为全国 33 个农村土地制度改革的试点地区之一，主要承担集体经营性建设用地入市的试点工作。在深化农村"三块地"改革的基础上，结合城乡融合和宅基地"三权分置"不动产登记试点，通过"吸引城里人下乡，让原住村民受益"的新路，破除阻碍城乡要素自由流动的

115

体制机制障碍，探索实践"共享田园"新模式，通过共产权、聚人才、兴产业，达到了促振兴、共发展的目的，走出了一条体现共享理念、市场化配置城乡要素的乡村振兴之路。主要做法：

1. 以改革为动力，打造"共享田园"城乡资源对接平台。几年前，棋田村为找不到发展出路而困惑。村民想发展的意愿非常强烈，村两委班子也做了很多尝试但收效甚微。村里没有产业，农业种植效益低，村民自耕积极性不高。虽有种植大户来承包土地，但也留下一系列问题。但单纯依靠政府投入难以承担大规模、高品质乡村建设的成本。棋田村其实代表了很多乡村的现状——这些"二夹皮"村，既不是贫困村，没有政策倾斜，也不是旅游名胜地区，没有"网红"优势，只能通过改革增强内生动力。

农村家庭联产承包责任制极大地调动了农民生产的积极性，但以家庭为基本单元的"单打独斗"方式，也人为地把生产要素进行了分割，使得农业产业化、规模化、标准化难以实现。虽然近些年来实施的农地流转实现了土地集中，但资本的逐利性和流转经营的非稳定性，也陆续带来各种"后遗症"。随着城镇化的深入推进，农村劳动力流失严重，"谁来种地"成为突出问题。与此同时，城里人的"田园梦"又无处安放，与村民联合建房等"打擦边球"式的操作缺乏政策保障，容易出现违法用地等问题。要实现乡村振兴，必须破解"钱从哪里来，地从哪里出，人往哪里去，业从哪里兴"这四大问题。

解决这些问题，不能靠乡村自说自话、自娱自乐，要让有能力、有技术、有资金、有情怀的人加入进来，把农村闲置低效的土地资源盘活利用起来，人、地、钱的问题才能迎刃而解。核心是"三权分置"，要通过权利变"活"，换取村庄的发展。"共享田园"如同一个城乡资源对接的平台和纽带，把人才、资金、管理、技术等要素集聚到田园之中。"共享田园"的根子是土地，土地的核心是产权。严守改革底线，探索权利共享，有序放活农村各类用地使用权和经营权，方能使集体、农民、城里人在这片土地上各有其权、各得其所，催生融合效应。

在四川省自然资源厅的指导下，成都市郫都区制定了《郫都区"共享田园"建设指导意见》，提出以农村集体经济组织为主导，以共享经济理论为基础，以城市中高收入家庭及"候鸟"群体需求为市场，以农用地和宅基地"三权分置"改革为抓手，集成农村土地制度改革各项政策，通过全域土地综合整治和生态修复，整合山水林田湖草等生态要素，吸引城市居民下乡，以"新村民"或"新农人"的身份，与原住村民共享农耕、农产、生活和生态，打造城乡农文旅融合新业态。

2. 以土地聚资源，实现产权产品生活生态四大共享。久居城市的人们期盼着摆脱城市喧嚣，回归山村宁静，听鸟语、闻花香，而扎根田野的村里人也有期盼：像城里人一样，住上好房子，过上好日子。

按照《郫都区"共享田园"建设指导意见》和山水林田湖草统一利用的思路，郫都区以集体经营性建设用地入市和农用地、宅基地"三权分置"改革为基础，进一步集成产权制度、多规合一、全域土地综合整治等改革政策，推动实现农业文化旅游"三位一体"、生产生活生态"三生同步"、农业工业现代服务业"三产融合"。

棋田村筛选出了两期共享土地。第一期以棋田村八组冬水坝农场160亩农用地、曾家院子13亩集体建设用地和闲置农房为依托；第二期以青杠林、张家院子、杨家院子等近40亩宅基地和300余亩农用地为基础。

在农用地共享方面，棋田村通过村集体，以保底收入的形式将村民承包的农用地进行集中，再分割给新农人认养。农地的所有权归集体，承包权归农户，经营权流转给新农人。新农人认养土地后一年四季种什么、怎么种，均按照村里的产业规划和技术标准进行，村里统一提供种苗、技术和服务。全村实现了规模化、标准化种植，让土地综合效益最大化。对集体经营性建设用地和宅基地共享的利用，一方面，按照大农业思路，将集体经营性建设用地入市，打造星级乡村酒店的共享空间。另一方面，将村里的闲置农房统一规划设计，改造为共享民宿，实现村庄土地全要素利用。宅基地同样"三权分置"，所有权归集体，资格权属于农户，使用权则流转给新村民，所有的闲置资源都能产生价值。新村民看重的是宅基地和建设用地使用权的共享和保障。成为新村民的准入条件很高，还有名额限制，需经过村民大会同意、履行村民义务，退出机制也十分完善。新村民是融村、常住，新农人是体验、消费。

推动城乡融合发展，离不开人才。要让有情怀的城里人在农村有为有位，还要吸引务工农民回乡创业，回归乡村振兴的本位。棋田村招募的首批12名新村民有全国名中医、文化培训师、园艺大师。以前在村里租地，担心村民坐地起价，也怕租赁的建设用地随时被收回。成为新村民后一方面土地使用权有政策保障，另一方面与原住村民相邻而居、共享田园，也有归属感和幸福感。

在棋田村先行试水的基础上，郫都区把"共享田园"进一步引向深入，打造跨村、跨区域的"共享田园"产业联盟。郫都区发布"共享田园新农人"小程序，通过自耕自种、代耕代种、私人定制三种土地认养方式，市民注册登记认养土地或订购乡村农特产品就能成为共享田园新农人。

以战旗村为例。如果选择自耕自种，新农人可以在川兰农场认养1分地，年费用398元，获得绿色时令蔬菜、体验"农场主"的生活；如果选择代耕代种，每年交纳598元，由平台按会员意愿种植生态产品，统一配送。随着"共享田园"网络App的建成，耕种服务、乡村民宿、鲜蔬配送等功能陆续上线，并先后推广到周边村。

新村民和新农人带来的是生产关系和生产方式的转变："共享田园"以盘活土地为基础，前端链接农民、后端吸引市民，形成"农民—土地—市民"双向联系，推动传统耕种向现代种植变革，促进城市消费者向乡村生产者转变。与此同时，城里人还会带来城市生活方式，培塑现代文明，参与村庄事务，提升农村治理水平，为乡村振兴蓄积新的动力。

3. 以资源要素流动，带动了区域产业发展、农民增收。棋田村未经开发的后发优势正转变成生态和空间价值。田还是那块田，但随着新村民、新农人的到来，多了一份欣喜和期待，很多村民自发美化环境、改造院落吸引他们来合作。

杨晓凤家里有4亩地，过去种水稻、油菜一年忙到头，除去开销所剩无几。现在拿3亩地入了股，保底收入4500元。他还可以去"共享田园"打工，一天有100元收入。在安龙村，新村民李星的到来改变了困扰原住村民多年的教育烦恼。李星卖了城里的房产，在安龙村利用闲置林盘和宅基地建设了安龙书院，打造耕读空间，免费为村民子女培训国学。不仅是安龙书院"相中"了这片土地，中央美院、四川大学等院校的各类专家也纷至沓来，搭建起了"大师+团队+新型农民"的人才金字塔，建成了一批"大师工作室"。

在"共享田园"的牵引下，郫都区乡村振兴活力四射：安龙村以文化和艺术共享为主导发展川派盆景，村集体收入增加到30万元；广福村利用闲置院落发展共享院落，游人如织，家家都有了轿车新房；先锋村引进知名书画家，举办公益培训及"院坝故事会"，"缴一次费，认养一分地，体验一次农事，住一晚民宿，参与一次民俗活动，吃一顿坝坝宴"的"六个一"模式成为乡村旅游品牌；战旗村组建了"战旗大妈服务队"，帮助调解邻里纠纷、讲解旅游线路，在疫情防控期间"战旗大妈服务队"自发参与防疫工作，构筑起群防群治、联防联控的工作格局。

新村民对农村土地综合利用也出了很多主意，牵头打造了"百草园"等一系列乡村特色旅游点……共享、共建、共融！新农人、新村民与原住村民相融相伴，共同守护川西平原独特的自流灌溉农耕生活，共同享受蜀风雅韵的美丽乡村。

"共享田园"试点以来，已有上千人预约成为"新农人"。5年来，郫都区共入市集体土地75宗、面积1902.19亩，获得土地出让收益17.34亿元，收取增值收益调节金3.92亿元，发展了陌上花开、袁隆平水稻硅谷等一批示范项目，带动培育企业160多家，打造了一批乡村旅游示范村，94%的土地面积实现了产业化经营，在川西大地上释放出了土地政策的最大红利。

（二）案例点评

一块闲置地，连接起城乡人财物。四川省成都市郫都区推出的"共享田园"模式，构架农村发展新平台的有益尝试，以土地为纽带，通过市场引导，将农村闲置资源与城市需求重新匹配，系统解决了乡村振兴"人、地、钱"三大难题，促进了城乡融合发展。纵览郫都区的乡村振兴之路，有三方面创新值得关注。

创新之一：以土地权利共享实现要素聚集。长期以来，我国农村市场化改革严重滞后于城市，城乡生产要素很难自由交换和有序流动。一方面城镇生产要素难以进入农村,另一方面农村生产要素大量闲置、粗放利用,导致农村比较收益低下。"人、地、钱"是乡村振兴面临的普遍难题,依靠"三农"自身无法有效解决,单纯依靠工商资本存在风险,仅靠财政投入也不可持续。"共享田园"探索并实践了"产业共营、环境共建和利益共享"的内生动力培育模式,建立了城乡联结的平台和多方合作、共享共融的利益共同体,通过产权共享,将农民与市民两个群体、城与乡两种资源集聚融合在一起,集体、农民、城里人在这片土地上各有其权、各得其所,催生了融合效应,推动了乡村产业发展,为乡村振兴做出了探索。

创新之二:以"新村民""新农人"吸引市民下乡。乡村振兴,关键在人。随着城镇化的推进,农村人才大量外流。在城乡融合的大背景下,吸引有资金、有情怀、懂管理、有技术的城里人到农村,并形成市民与农民稳定的利益联结是破解农业农村发展问题的关键所在。"共享田园"创造性地提出"新村民"和"新农人"概念,凡是符合相关条件的市民,就可以成为田园"新村民""新农人",进而获得有期限的宅基地使用权、建设用地使用权和承包地经营权,享有与原住村民共享产权、产品、生活和环境等权利。同时,通过完善考核和退出机制确保"引进人才"质量,提高了乡村振兴人才素质;通过产业共营,确保农民就地就业,留住了本土人才。在同一片土地上,市民与村民相邻而居、共同发展,将有效推动乡村建设。

创新之三:以生产生活生态"三生同步"实践"三农"发展新模式。"共享田园"是一种将各类资源集成的农村土地制度改革的综合模式。一是改进了生产方式,通过规划引领、精细整治、适度集中、订单生产,促进农业规模化、标准化和集约化,实现农村一二三产融合发展,加快了农村产业化进程。二是优化了生产关系,变农民与土地的单向关系为"农民—土地—市民"双向关系,农民变股民、农房变客房、农产品现货变期货,消费者成为投资者和共建者。三是改良了生活方式,城里人到田园体验另一种生活,农村人在田园里接触到现代生活方式,双方共建城乡融合的新型社区,有利于完善基层治理体系,提升基层治理水平。

二、河北省行唐县金丰公社开展土地托管

（一）案例介绍

河北省行唐县是革命老区、国定贫困县，总面积966平方公里，"五山二坡三分田"，330个行政村，46万人口，其中农村人口39万，2019年脱贫摘帽。行唐金丰公社农业有限公司2018年初注册成立，通过聚资源、建网络、做服务，为广大农户提供覆盖全程的土地托管、农资套餐、金融保险、产品销售四大服务，把3万农民从面朝黄土背朝天的土地上解放出来，实现土地、劳动力、科技、资金等生产要素的优化配置。2020年，已完成土地托管面积4.8万亩，涉及9个乡镇60个村的5580个农户，带动730个贫困户稳定脱贫。主要做法：

1. 网格化服务覆盖。2017年中央一号文件明确提出，大力培育新型农业经营主体和服务主体，通过经营权流转、股份合作、代耕代种、土地托管等多种方式，加快发展土地流转型、服务带动型等多种形式规模经营。首先，金丰公社着力构建县、乡、村三级服务网络，为广大农户提供贴身服务的土地托管。目前，已建立县级服务中心2处，乡村服务分社36家，吸纳社员3万余人。金丰公社采取与村集体和农户签订《土地托管合同》，明确权利与义务。巩固集体所有权、确认农户承包权、放活企业经营权、保护农民收益权，充分发挥老党员、老干部、种粮大户和村"两委"的组织力，金丰公社每托管500亩以上建立一个分社，由村"两委"按流转土地数量，每亩提成30元收入，壮大农村集体经济。2020年乡村服务分社达到100家。其次，建立了贴心的金融服务。金丰公社作为担保方与光大银行签约，为有需求的社员发放"福农贷"，每户最高可获贷20万元，用于购买农机具，仅2018年就发放1300万元，为贫困户社员发放5万元以下3年以内的扶贫小额信贷，有效解决了贫困农户致富缺资金的问题。第三，设立了"爱心扶贫援助基金"。金丰公社每服务1亩耕地，从中提取1元注入基金，用于扶持贫困户家庭学生入学、贫困人口重大疾病及意外事故援助，为加快土地托管提供有力的服务体系保障。

2. 一站式托管增收。首先，通过全方位、现代化土地托管服务，将单个农户组织起来，由公司统一管理，形成适度的土地和劳动力经营规模，在降低经营成本的同时，提升农业质量和效益。农户把承包土地交给金丰公社统一管理后，仍拥有承包权和收益权，金丰公社拥有"种管销"全程闭环式经营权，并承担一切费用，粮食产出后由金丰公社划价收购，扣除一定数额的土地托管费（一般农户每年每亩上缴金丰公社土地托管费885元）后，按合同保底收益额规定，将剩余收益全部返还给农户。社员在土地耕种上就可以当"甩手掌柜"，"坐享"收益，腾出时间和精力外出务工或发展其他产业。以单个农户种植5亩土地为例，农户自己种植，按照每亩玉米产出1200斤、小麦产出1000斤计算，每亩毛收入2340元，减去生产成本1610元（按照抽样统计，每季种植成本玉米765元、小麦845元），每亩纯收入730元，5亩地纯收入3650元。由金丰公社托管，每亩产出保底收益2340元，减去托管费885元，每亩纯收入1545元，5亩地纯收入7725元，该农户年增收4075元。仅土地每亩增收效益可翻一番。

其次，建立了农资和技术服务渠道。针对未实行土地全程托管的社员，金丰公社还可提供灵活多样的农资农机套餐服务，通过种子、化肥、农药的合理配给和厂家批量进货的价格优势（一般比农户自己在市场购买低45%），发挥统的作用，每年可节约支出725元/亩（每季节支小麦375元/亩，玉米350元/亩）。金丰公社为社员提供种植全流程闭环式服务，解决了农户生产的所有后顾之忧，对贫困户免费提供生产资料，仅2018年，就免费为730户贫困户提供了8万余元的种子、化肥等生产资料；提供一站式农资产品，降低产品价格，提升品质可靠性，避免伪劣农资问题。

第三，建立了省心的种地方式。全程的营养解决方案和植保方案，实现了合理匹配，科学种植，降低成本，减轻土地的环境污染。对贫困户免除土地托管费，提供全程土地托管服务，让农民享受高效、专业、全方位现代化农业服务，从种到收无需操心，实现了农业生产性服务均等化。土地托管后至少可解放农户一个劳动力，务工每年最低收入2万余元，对比单个农户种植模式，该农户每年至少可增收2.4万元。

第四，实现了安心的种植收益。与社员签订亩产"保底+分红"协议，通过示范田比较，以分社前三年的平均亩产为保底，增收部分按社员和金丰公社 3 : 7 分成。收获后，按协议产量返还农户，每亩花生高于市场价格 3～5 角 / 斤，每亩小麦高于市场价格 5 分～1 角 / 斤，消除了社员"产量降低，收益减少"的顾虑。由于实行规模化经营，减少了垄埂，每托管100 亩就会多出 510 亩耕地，其收益归金丰公社所有。

3. 大数据高效运营。首先，建立了"农业服务＋大数据＋社员 App"运行模式，金丰公社研发了一款具有农业服务交易、农机师调度、社员可追溯服务、种植信息互动、在线教育、娱乐等六大功能的"金丰公社社员App"，整合了上下游资源，为广大种植户提供灵活、高效、可扩展、易操作的服务平台和手机端体验。通过金丰公社社员 App，社员可在线上购买农资套餐，定制托管等服务，实现农产品产销对接，建立放心的销售渠道。目前，金丰公社通过发展订单农业，与正大集团签订 40 万亩的玉米种植订单，与鲁花集团签订 1.5 万亩以上高油酸花生订单，与蒙牛富源牧业合作发展 1 万亩以上青贮玉米，实现了"产供销"一体化。

其次，公开透明，农民放心。通过 App 农民可查看自己的承包地，从种到收的全程服务情况，在线交流农业知识，接受线上教育；App 还可在线实时监测农业服务供需关系，优化资源配给方案，为农机师提供稳定充足的订单来源和专业技能培训，农机手经过培训成为职业农技师，在金丰公社统一调度下，每年每人服务面积超过 2000 亩，人均年收入可达 5 万元以上，帮助贫困户持续稳定增收。金丰公社对贫困户优先聘用务工，带动180 名贫困人口就业，人均年可增加工资性收入约 4280 元。

第三，在县委县政府的大力支持下，通过协调晾晒场地、财政补贴、媒体宣传等方式，着手帮助企业破解粮食收储场地短缺、前期垫资压力大、群众接受度有待提高等问题。金丰公社投资 800 万元自建日处理 200 吨、300 吨大型粮食烘干生产线各一套，2 座面积为 6000 平方米的粮食储存库，建起了"粮食银行"，农民可以通过 App 手机端直接提取粮食。

（二）案例点评

20 多年前，美国经济学家、国际战略学专家布朗曾提问：21 世纪谁来养活中国人？当中国人口达到 16 亿人时，需要 7 亿吨粮食，中国只有 18 亿亩耕地。按照美国工业化生产方式，这的确是个问题。这就是有名的"布朗之问"。行唐县金丰公社开展土地托管有力地回答了"布朗之问"。土地托管是农户等经营主体在不流转土地经营权的条件下，将农业生产中的耕、种、防、收等全部或部分作业环节委托给服务组织完成或协助完成的农业经营方式，社会化服务组织从托管服务中收取费用，不需要支付土地流转费，同时通过社会化服务实现了资本、技术和管理等现代生产要素对传统农业的改造。

创新之一：有效破解了"农民不愿意种地"的问题。当前农村，青壮劳动力大量外出务工，留守人口老龄化趋势明显，耕地撂荒现象时有发生，造成资源浪费。未来中国农村的土地，"谁来种、怎么种、种什么、为谁种"成为亟待破解的重大现实问题。金丰公社的土地托管全程闭环式服务，通过整合资源，让农民从种到收到储，不用投入、不用操心，采取秋后算账的方式，以拥有承包耕地的多少定收入，在一定程度上激发了农民保护耕地的意识，农民成为土地的主人，企业成为打工仔；破解了企业土地流转年初给农户发租金的压力，加快了资金的周转。解除了农民的后顾之忧，外出务工更有了底气，调动了从事第二、第三产业的积极性，推动了农村三产融合发展。

创新之二：有效破解了"农民种地不赚钱"的问题。专业人干专业事，与散户种植相比，金丰公社通过资源的有效配置，畅通了城乡要素流动，实现了种植、植保、飞防和收储，发展订单农业，农业机械化程度大幅提高，农资流通环节减少，成本降低，农业科技成果及时转化，建立农业现代化产业体系、生产体系、经营体系，以亩产价值论英雄，提高了企业的环境保护意识，种植成本普遍下降 45%，粮食产量增收超过 10%，农民收益增加 112%。对维护粮食安全，推动农民增收、农业增效，具有重要的现实意义。

创新之三：有效破解了"农业产业结构调整慢"的问题。行唐县委县政府将"一减四增"作为深化农业供给侧结构性改革的重要抓手，大力调减普通小麦、籽粒玉米等大田作物种植面积，稳定强筋小麦、粮饲兼用玉米等新品种农粮生产，扩大设施蔬菜、中草药等优质高效作物种植面积。但近年来，由于土地散户经营，各自为战，农业产业结构调减工作推进速度不快。行唐县把县域经济社会发展规划与金丰公社的企业发展规划有机衔接，金丰公社通过托管土地，进行集约化、规模化、组织化、社会化经营，仅 2019 年就实施全县"粮改饲"项目 2 万多亩，加快了全县农业产业结构调整步伐。习近平总书记 2016 年 4 月 25 日在安徽省凤阳县小岗村农村改革座谈会上指出："不管怎么改，都不能把农村土地集体所有制改垮了，不能把耕地改少了，不能把粮食生产能力改弱了，不能把农民权益损害了。"[①] 在土地问题上，如果农民失去土地，城镇融不进、农村回不去，就容易引发大问题。因此，农民土地承包关系必须保持稳定，农民的土地不能随便动。无论农村产权制度怎么改革，土地作为农业生产资料最基本的组成部分，是农民生活的基本保障，是关乎国计民生的大事，是人类生存的核心基础。

三、河北省张北县构建现代数字能源产业体系

（一）案例介绍

河北张北县原是国家级贫困县，地处内蒙古高原与华北平原交界区域，年平均气温 3.5℃，无霜期 100 多天，年平均日照时长为 2815.3 小时，日照率达 64%，年均大风日数 55.3 天，冬春季平均风速为 4.8 米/秒，冰雪资源充沛。近年来，充分发挥气候冷凉、风光资源，变劣势为优势，让"冷资源"变成"热经济"，大力发展风电光伏能源产业，让乡村的风光点亮城镇的灯火，积极构建零度以下特色产业体系、生产体系和经营体系，走出了一条欠发达地区超常建设、跨越发展的赶超之路。张北县凭借经济、科技、教育等领域领先的软硬实力，进入 2021 年中国县域综合实力百强第 83 位，又成功入选"2021 年度中国高质量发展十大示范县市"。

---

① 《习近平论"三农"工作和乡村振兴战略（2016 年）》，"学习强国"学习平台，https://www.xuexi.cn/lgpage/detail/index.html?id=18146468727196634613&item_id=18146468727196634613。

1. 构建现代多元化数字能源产业体系。经过多年发展，张北县已构筑起了一定规模的涵盖风电、光伏、储能、光热、生物质、天然气的"全类型"新能源开发体系。

其一，重点打造高质量建设村级光伏电站。成功破解了分布式电站建设带来的电网改造、项目选址、运营维护三大难题，采用"易地联建"的模式集中建设村级光伏电站 142 座，总规模 45780 千瓦。目前，全县村级光伏电站总规模达到 55380 千瓦。

其二，科学规划建设集中光伏电站。引进高东旭弘吉、河北润阳、亿利资源、张北能环这 4 家有实力的专业新能源公司建设高标准的地面集中式光伏电站 4 座，总规模达 21 万千瓦，年可提供光伏扶贫收益 2520 万元。

其三，合力推动建设光伏扶贫项目。引进国泰绿色能源有限责任公司、张北国容绿色能源有限公司，建成 100MW 光伏发电项目，已结算扶贫收益 1687 万元；大容公司与北盛股份有限公司合作开发建设张北 500 兆瓦光伏规模化应用示范区一期 200 兆瓦光伏项目，每年可实现扶贫收益 658.46 万元。

其四，广泛发动参与扶贫捐赠项目。共实施捐赠项目 2 个，其中，由深圳市禾润能源有限公司将"互联网＋智慧能源"示范项目的 10% 的股权捐赠给张北县，股权收益用于扶贫，年可实现股权利润分红 1200 万元；由华源电力有限公司投资建设 4.95 万千瓦风电项目，项目 20 年全部利润（不低于 1200 万元／年）捐赠给张北县，由县财政统筹使用，用于张北扶贫及其他公益事业。

目前，张北县新能源获得批复总装机规模达到 1500 万千瓦，占张家口市的 40%、河北省的 15%、全国的 2%，装机规模突破 800 万千瓦，成为全国可再生能源第一县；阿里巴巴客户体验中心、美团呼叫中心等一大批上下游产业项目落地建设大数据服务器规模达 50 万台，成为全国县级层面最大的数据中心；光伏产业总规模达到 53.538 万千瓦，已累计实现光伏扶贫收益 2.74 亿元，获益贫困群体达到 36317 户 64718 人。

历经 5 年的发展积淀，新能源和大数据产业实现了融合发展、比翼双飞，多能互补，"互联网＋"、智慧能源、柔性直流电网、张北县至雄安

1000 千伏特高压等一大批引领科技前沿、具有全国示范意义的项目相继建成，张北绿电源源不断地传输到用电负荷集中的首都北京和雄安新区；数字经济主打产业数字化、数字产业化，形成了前端总部经济和后端信息服务新业态，张北云基地被评为"国家新型工业化产业示范基地"，入围"全省数字乡村试点名单"。

2. 探索建立高效化运维管理机制。张北县紧紧围绕"产权清晰、权责明确、运维高效、监管到位"四个方面，探索推行了"两个一"光伏扶贫管理机制。

一个平台监管。县级成立了绿扶公司，作为上级资金承接、商业运作实施、建设资金筹措和流转土地受让主体，成立了子公司——张北县大容新能源开发有限公司和县光伏扶贫平台公司，统筹开展建账、报税、电费结算等工作。乡级成立分公司，村级成立经济合作组织，主要负责精准分配收益、安排公益岗位等。

一个企业运维。引入晶科电力有限公司作为运维单位，承担全县村级电站的日常运维、检修、备品备件管理、智能监控相关工作。通过全年运维情况看，全县 128 座村级电站年利用小时数达到 1786 小时、14 座村级电站年利用小时数达到 1720 小时、32 座电站年利用小时数达到 1600 小时，特别是 128 电站的斜单轴双玻组件跟踪系统发电小时数达到 2021 小时，发电小时数全国领先。

河北工业大学张北产业技术研究院、河北农业大学张北乡村振兴研究院等一批重量级科研机构抢滩落户，建成省市级各类科创园、重点实验室 12 家，全县银行业存贷差由 2016 年底 76.3% 上升到 2021 年底的 110.4%，为高质量发展奠定了坚实基础。

3. 打造建立了精准化收益分配模式。为进一步维护光伏扶贫项目收益安全，提高项目收益的使用效益，增强光伏项目的扶贫效果，着力从四个方面入手：

首先，建章立制。制定出台了《张北县光伏扶贫项目收益分配实施意见》《关于进一步做好利用光伏扶贫收益开展公益岗位扶贫的通知》，明确了"公益岗位＋特困救助＋村集体事业"的分配原则，引导村集体通过设置贫困户公益岗位、发展小型公益事业、开展小微奖励等措施，实行集体收益差异化二次分配。

其次，分类施策。政府资金、企业捐助支持的村级光伏扶贫电站的资产归村集体所有，由光伏电站所在村委统筹确定项目收益分配方式。村集体二次分配收益主要用于开展贫困户公益岗位支出、小型公益事业支付、奖励补助扶贫等，鼓励贫困户通过力所能及的劳动获得劳务收入。

第三，合理分配。按贫困程度分层次进行分配。光伏扶贫收益中，优先帮扶全县重度残疾、重大疾病、无劳动能力人群等深度贫困户，每户每年可获收益 3000 元左右。通过设置公益性岗位，对一般贫困户按每人每年1000 元至 3000 元左右。最后，严格把关。坚持分配动态调整的原则，光伏扶贫项目收益以村为单位落实到户，原则上，每年评议调整一次，实行动态管理模式。收益分配对象的确定，按照贫困户申请、村评议、乡（镇）审核、县审批的程序进行。

（二）案例点评

"坝上一场风，从春刮到冬"，曾经因气候严寒、风沙较大、环境约束、开放较晚、交通闭塞等因素的限制，张北县很长一段时间发展跳不出"农"字、破解不了"穷"字。通过贯彻落实新发展理念，以科技创新为驱动，锁定了数字经济、新能源等高端产业，真正地找准了发展定位，变资源劣势为资本优势，以生态赋能、与阳光同行，实现了质量变革、效率变革、动力变革。张北县构筑"四位一体"的能源特色产业体系，率先创建了高效化运维管理机制，建立了精准化收益分配模式，成为壮大村集体收益和贫困群众增收的重要来源，不仅种好"铁杆庄稼"，解决了如何"做大蛋糕"，通过三次分配又解决了如何"分好蛋糕"的问题。光伏扶贫作为一种资产收益扶贫的有效方式，体现了稳定带动贫困户增收脱贫和有效保护生态环境等诸多价值，通过先进的数字技术与创新平台的加持，打通了全流程，插上了数字"翅膀"，摊开了收益"云账簿"，而数字化手段对风电光电的赋能，并逐渐衍生出新的增收业态，使这种价值与效应实现了几何级增长，也为成千上万的贫困户送上了稳定增收的"阳光存折"，走向了乡村振兴之路。该模式资源、资产、资金、技术缺一不可，实现新业态三产跨界融合发展。

第二节　破解资产要素制约模式

一、贵州实行"三变"农村改革

（一）案例介绍

资源变资产、资金变股金、农民变股东改革（以下简称"三变"改革），是贵州省大胆探索的智慧结晶，是统领全省农村改革的"牛鼻子"，是贵州省农业供给侧结构性改革的突破口，也是中国农村改革的新探索。贵州省市县三级成立了农村"三变"改革工作联席会议制度，党委政府主管负责人为召集人，联席会议办公室设在农委。农委成立了农村"三变"改革办公室，抽调人员到"三变"办工作，强化了"三变"改革的统筹、协调和工作指导。开展的农村"三变"改革探索，整合了农村各种资源要素，激活了农村发展内生动力，破解了"三农"发展难题，促进了农业适度规模经营，增强了农村集体经济实力，拓宽了农民增收致富渠道，夯实了农村基层基础，老百姓得到了实惠，符合中央精神，切合贵州实际，对破解农村改革难题，促进农业现代化具有重要的意义。目前，全省共有21个县、195个乡镇、1278个村开展农村"三变"改革，涉及农村人口295万人。主要做法：

1. 坚持改革的思路，抓好关键环节，筑牢工作基础。贵州省各地始终坚持把"三变"改革作为农村改革的"牛鼻子"、作为农业供给侧结构性改革的"突破口"、作为精准脱贫攻坚的"新引擎"，力求把"三变"改革搞得更规范、更扎实。着力解决在以家庭承包经营为基础、统分结合的双层经营体制下，实践探索"分"得充分、"统"得不够的问题，让农民脱贫致富，让村集体经济组织发展壮大，让乡村建设更加美丽，在农业生产增效、农民生活增收、农村生态增值上探索新路、探索经验。按照项目化、数量化、时限化和责任化的要求，组织精干力量，汇聚各方智慧，立非常之志、谋非常之策、用非常之举，在农村产权确权登记颁证、清产核资、农村产权交易平台和股权交易平台、村集体资产股权化等改革取得进展，不断夯实"三变"改革工作基础，激发"三变"改革综合效应。发源于六盘水市的农村"三变"改革，经过不断的探索与实践，正在由初级版向升级版转变。

一是突出理论指导，升华"三变"改革经验。强化理论指导，邀请专家学者结合六盘水"三变"改革实际撰写理论文章，编写了《六盘水"三变"改革——中国农村改革的新路探索》，已由人民出版社公开出版。注重思想引导，针对思想认识和操作实践上的问题，编印了《"三变"改革100问》《"三变"促"三农"同步奔小康——典型案例汇编》等，释疑解惑、指导工作。

二是突出关键环节，厚植"三变"改革政策。制定市级"三变"改革专项资金使用方案。加大各类涉农财政资金整合力度。2014年以来，全市共整合财政资金6.5亿元，撬动村级集体资金1.21亿元、农户分散资金2.95亿元、社会资金39.4亿元。

三是突出还权赋能，夯实"三变"改革基础。加快土地确权登记颁证，目前该市土地承包经营权已确权447.6万亩，占耕地面积的96.82%；稳妥推进农村集体资产清产核资和股权量化改革，出台了《农村集体资产清产核资工作方案》等政策文件；推进农村产权交易，水城区农村产权交易中心受理了产权交易120起，成功交易101宗，涉及面积2752.8亩，交易金额达758万元。四是突出示范引导，放大"三变"改革效应。

目前，六盘水所有乡镇、社区、村实现了"三变"全覆盖，参与"三变"的农户有35.26万户，116.53万人。同时将精准识别的贫困对象全部链接到"三变"平台上成为股东，全市共有贫困户9.69万户，28.49万人成为股东，带动22万贫困人口脱贫，提高了贫困农户的收入，推动精准脱贫。

2.明确改革的目标，抓好打造提升，培育创新样板。从推进农村"三变"改革之初，省里始终强调顶层设计的作用，认真研究政策措施，在厚植政策优势上下功夫，明确改革目标任务，为有序推进"三变"改革提供政策保障。中共贵州省委办公厅、贵州省人民政府办公厅印发《关于在全省开展资源变资产资金变股金农民变股东试点工作方案（试行）》的通知，在农村产权制度改革、壮大村级集体经济、激活农村各类生产要素潜能、赋予农民更多财产权利、夯实党的执政基础、推动农村治理体系治理能力和现代建设等方面开展探索，通过 3 年努力，到 2018 年，探索形成可复制、可推广的改革成果，为全省深化农村改革提供支撑。坚持示范带动，加强"三变"改革乡镇、村的培育打造，创新形式和内容，探索不同股权构成的"三变 +N"模式，搞好结构调整、完善产业布局。铜仁市始终把"三变"改革作为破解农村改革难题的"总钥匙"，勇于实践，大胆创新，不断探索。

一是抓"三资清理"，摸清"三变"底数。下发《铜仁市农村集体"三资"清产核资工作实施方案》，部署全市农村集体"三资"清理工作。目前全市已完成"三资"初步清理工作。

二是抓主体构建，逐步实现"政经分离"。按照政经分离的原则，村集体专门负责村务管理和服务群众等"政务"性质的工作，村经济经营主体则专事抓经济发展之职，以实现繁荣发展、政通人和的目标。

三是抓方案制定，做到"四个明确"。（1）明确工作要求：紧盯"城乡差距大、农村三资闲置多、资产利用率低、农村空心化率高，农村机制不活，农民致富不快"等突出问题，充分发挥"诚信农民"建设优势，推进农村"三变"改革。（2）明确工作目标：围绕"一年见雏形、两年见成效、三年成体系"的思路，通过三年的努力，使"三变"改革试点工作取得阶段性成效。（3）明确试点内容：明晰产权，强化资源变资产；整合资金，加快资金变股金；支持农民，协商农民变股东。（4）明确试点工作步骤：抓好资源资产股份量化；开展出资财产公示；确定入股合作对象；建立股份合作关系；签订履行合同合约；及时进行信息公开。

3. 创新体制机制，抓好政策配套，强化风险防控。群众能否接受，政府能否顺利完成产业布局、结构调整目标，引进企业能否获得合理利润，村集体能否发展壮大是试点成败的关键。

对此，各地在改革试点中，着力创新体制机制，采取"公司 + 农户""公司＋村委会＋农户""公司＋基地＋合作社＋村委会＋农户""园区＋公司＋农户"等模式，较好解决各方利益的问题。积极协调有关部门出台支持改革配套政策措施，各地制定了《农村产权交易平台组建方案》和《农村产权交易管理办法》。各地制定了《"三变"改革股份合同管理办法（试行）》《"三变"改革股份合同及涉农合同备案办法（试行）》《"三变"改革股份合同示范文本》，形成政策合力，为更好推进"三变"改革创造良好政策环境。

建立股权监管机制、股权退出机制等，有效防止"三变"改革中市场风险、社会风险、道德风险和法律风险。安顺市从实际出发，通过对农村各类产权进行确权、赋权、易权，促进资源变资产、资金变股金、农民变股东。

一是围绕权属明晰抓确权。明边界：查实历史资料，摸清各类地块、农房、小型水利工程等现状，及群众反映、争议纠纷，坚持实际丈量与卫星航拍相结合，以国土部门专业测绘人员为主，组织农民代表参与，做到资料全、数据真、情况准。定权属：张榜公示清查的历史资料、调绘勘测、集体资源资产清理核查初步结果，公示结果无异议的，由农户签字认可；有异议的重新核查，核查结果再次张榜公示，直至绝大部分农户签字认可。发证件：经公示无异议的农户承包土地、林地、房屋产权等，按规定程序予以登记颁证，并将结果再次公示，确认无异议后向户主发放权证。

二是围绕市场价值抓赋权。许可：研究制定"三权"促"三变"改革的实施方案、农村资源和集体资产股份化改革的意见、集体林权制度改革工作实施方案、财政支农资金变股金的意见、小型水利产权制度改革的意见等，从政策层面鼓励在农村进行产权制度改革探索，充分还权赋能。评估：通过采取扶持补贴政策和适当降低民营评估机构行业准入条件等措施，鼓励和支持社会评估、会计等中介机构进入农村产权评估市场，方便农村各类产权以及资金、劳动力等计价入股经营主体。配套：协调金融机构出台支持农村信贷的优惠政策，成功创建了全国首个农村金融信用市；设立了由地方财政出资的涉农信贷风险补偿基金，首期出资1000万元，各县（区）财政分别配套200万元，贷款出现风险后，扣除借款人10%的保证金，贷款损失由受偿银行、合作担保公司、政府按 10%、45%、45% 的比例进行责任分担。

三是围绕资产流动抓易权。建平台：以县为重点，建立县乡村三级土地流转管理服务机构和交易平台，县乡两级设农村产权流转服务中心，村设服务站，组建了农村土地仲裁机构，积极开展农村产权流转信息、合同指导、价格协调、纠纷调解等服务，引导农村产权依法、有偿、自愿和规范交易。进市场：鼓励农民以土地承包经营权、林权、技术、资金等入股企业、合作社或其他经济组织，按股份获得收益。防风险：把"稳"作为基础，坚决稳住农业农村发展好形势，稳定农村的基本经营制度，稳定行之有效的农村政策。

4. 发挥农民积极性，抓好组织保障，确保改革成效。当地农民群众是"三变"改革试点的参与者、受益者，是改革成功的关键力量。在试点过程中，充分发挥农民群众改革的积极性，让群众全过程参与试点改革，把群众同意与否作为各项改革举措实施的前提。把政府的改革意图向群众宣传到位，算清改革前后对比账，让群众知晓改革、理解改革、支持改革、参与改革。通过发扬民主，反复沟通，细致工作，凝聚人心，奠定了改革推进的群众基础。完善省级领导、市州协调、县级为主、乡镇实施的管理机制，强化县级党政的领导。加大考核、督查、教育、培训和宣传力度，使各项改革政策措施落地生根、开花结果，为贵州省农业农村发展提供强大动力。

（二）案例点评

"资源变资产、资金变股金、农民变股东"，近年来贵州省六盘水创造性地提出了农村"三变"改革思路，以股份合作为纽带，整合农村资源、资金，推动农村经济规模化、组织化、市场化发展。2016 年贵州省正式出台《关于在全省开展农村资源变资产资金变股金农民变股东改革试点工作方案（试行）》，要求以"三变"为改革思路，全省上下一盘棋，各地探索切实可行的科学发展之路。

创新之一：农村资源活起来。通过"三变"改革，把农村沉睡的资源资产充分盘活起来、流动起来，发挥了财产性价值属性和资本属性。全省农户流转土地 33.26 万亩、土地入股 14.2 万亩；流转林地 5.99 万亩、林地入股 5.57 万亩；流转草地 2735 亩、草地入股 2.28 万亩；流转水域 4717 亩、水域入股 1487 亩；村集体流转资源性资产 5845 亩、入股 2398 亩。六盘水市通过股权收益，盘活农村资源资产，新增村集体经济收入 8856.3 万元，"空壳村"由改革前的 53.8% 下降到 2014 年的 15.3%，2015 年已全部消除"空壳村"。

创新之二：农村产业强起来。深入推进农业供给侧结构性改革，围绕蔬菜、辣椒、猕猴桃、桃子、火龙果和百香果、肉牛、肉羊、生猪、家禽等九大产业，打好"组合拳"、按下"快进键"、跑出"加速度"，力争在一系列重点产业、重点区域实现裂变式发展。全省蔬菜种植面积 1468 万亩，同比增长 6.7%；水果面积 623 万亩，新增果园面积 30 万亩，同比增加 5.1%；全省茶园 693.4 万亩，实现春茶产量 11.9 万吨，同比增长 33%。茶叶、辣椒、火龙果等生产规模稳居全国第一位。全省农林牧渔业增加值 754.3 亿元，比上年同期增长 5.9%，增速位次继续保持全国第一。

创新之三：农民腰包鼓起来。农民从原来的小生产经营者转变为大产业大企业的股东，从原来的仅获得土地种植收入、务工收入转变到土地租金、务工收入、股份分红兼得的效果。目前全省农民自有资金量化入股 58782 万元。2015 年上半年，全省农民人均可支配收入 3441 元，比上年同期增长 10.5%，增速位居全国第三。

创新之四：美丽乡村热起来。坚持把做强农业、增加农民收入与建设美丽乡村结合起来，以农业园区建设为重要载体，乡村正逐步成为城市人想去的地方、农民工返乡创业的地方。随着一批"美丽乡村"的成功打造，乡村旅游呈现出"井喷"的发展态势。2015 年上半年，全省休闲农业与乡村旅游营业收入 16 亿元，同比增长 10.3%。安顺市的滑石哨、桃子、浪塘荣获"中国最美休闲乡村"称号，"四在农家·美丽乡村"创建工作覆盖全市 80% 行政村，全市共计接待人数 1195.03 万人（次），同比增长 55.23%，实现旅游收入 113.63 亿元，同比增长 56.94%。

创新之五：治理体系优起来。六盘水市组建了 48 个联村党委，构建了乡镇党委—联村党委—村党组织三个层级的乡村治理领导体系，完善了联村党委领导下的多种经济组织合作的乡村治理结构，形成了村集体与市场紧密结合、各种经济组织和农民衔接互动的社会治理体系，巩固了党在农村的执政基础。

二、河北省保定市太行山农业创新驿站

（一）案例介绍

近年来，保定市政府与河北农业大学合作创建太行山农业创新驿站，通过汇聚政府、科研院校、企业、农户优势资源，自2017年启动实施至今，共建设农业创新驿站50个，100多项新技术、新成果率先在农业驿站转化落地，科技贡献率达到80%以上。引进推广新品种、新技术717项，申请专利55项，获得农产品"新三品"认证77个，注册商标86个，促进了技术与资本的融合发展。累计开展技术培训600余次，4300余名河北农业大学学生参与实践，2万名农技人员接受培训，3万名农民接触了新理念、新思想，掌握了新知识、新技能。2020年"太行山农业创新驿站"模式荣获全国"全国脱贫攻坚奖"后，又在7家国际组织开展的"全球减贫案例有奖征集活动"中荣获"最佳减贫案例"。

1.创新"四个机制"，发挥政府统筹引导作用。首先，组织推动机制。通过政府、高校、企业、农户"四方联手"，以确定一个主导产业、拿出一笔专项经费、对接一个龙头企业、组建一支多领域多学科的专家团队、建设一个创新创业基地、培育一批农业人才的"六个一"模式，实现产业链、人才链、学科链、创新链、服务链的"五链合一"。

其次，政策激励机制。保定市出台实施意见、资金管理、考核办法等一系列政策指引性、支持性文件，鼓励科技人员通过技术入股、技术承包、收益分配等方式深入贫困地区创业和开展服务，在贫困村开展新品种、新技术集成应用和示范推广。各县（市、区）将太行山农业创新驿站扶持资金纳入财政年度预算。2017—2019年全市累计投入资金3000多万元支持驿站建设。

第三，科研保障机制。驿站聚合河北农大的科技、人才、信息等资源，组建以企业为主导的农业产业创新联盟，一批具有保定特色、能够显著发挥示范引领和辐射带动作用的现代农业创新示范样板基地逐步建立，基本形成了保北蔬菜、保南特色农产品和山区林果、杂粮及食用菌的现代农业发展格局。

第四，考评奖补机制。出台《关于太行山农业创新驿站创建工作考核办法》《太行山农业创新驿站考核评比实施方案》等相关文件，组成联合考核组对各县（市、区）驿站建设情况进行考核。保定市累计拿出 520 万奖励资金，设立突出贡献奖、最佳进步奖等奖项，对评选出的优秀驿站进行奖补，在全市 50 家驿站内遴选符合条件的太行山农业创新驿站建设项目予以重点支持。

2. 做到"三个坚持"，整合调动各方力量。首先，坚持基本模式。2017年 7 月，保定市政府与河北农业大学签订战略合作协议，坚持以"六个一"模式创建，为启动实施"农业创新驿站"奠定了基础：每个县（市、区）确定一个具有优势特色并能带动全县域的主导产业，拿出一笔首期不少于100 万元、以后每年 30 万～ 50 万元的专项经费，明确一个企业或园区作为产业承接平台；河北农业大学组建一支基于产业链需求的专家团队，在当地组建一个科技研发推广中心，培养一批青年教师、学生和当地的专业人才。

其次，坚持核心驿站引领。在持续提升驿站科技成果转化、辐射带动能力的基础上，突出核心带动，围绕全市农业特色产业发展情况，将"第壹驿站"作为全市苹果产业的核心驿站，带领曲阳、顺平、唐县、阜平等地发展苹果产业；以安国市中药都药博园为核心驿站，引领全市中药材产业发展；以阜平食用菌驿站为核心驿站，辐射带动全市食用菌产业发展；以高碑店新发地为核心驿站，建设驿站产品展示中心，打造太行山农业创新驿站金字招牌。

第三，坚持聚焦"四个农业"。驿站始终坚持以科技农业、绿色农业、品牌农业、质量农业为导向，坚持大产业抓小品种、新产业抓大基地、老产业抓新提升、强产业抓固根基，优化产业布局，突出产业特色，连片开发、规模发展，统筹结合驿站多方力量，培育特色产业，密切利益联结，真正让农民得到实惠。目前，已建立智慧农业、果树盆景、苹果、草莓、杂粮、辣椒、柿子、苗木等 8 个特色农业产业技术创新联盟，100 多个新技术、新成果、新品种在驿站转化推广，科技贡献率达到 80% 以上。

3. 创新"三项举措"，持续提升联农带贫能力。首先，强化科技支撑。着力推动科技资源向驿站聚集，制定一套科技扶贫行动方案，开展技术成果转化和示范推广，研发推广的新技术、新成果促进一批新产业诞生，贫困地区特色产业实现了无中生有、有中生新的根本性转变。

其次，强化品牌建设。驿站成立农产品品牌展示中心，以顺平第壹驿站为依托，推出"保定苹果"区域公用品牌；安国药博园驿站种植的祁菊花、祁山药被认定为全国地理标志农产品；涞源六旺川驿站的"桃木疙瘩"柴鸡蛋，被誉为"革命老区的柴鸡蛋生态自然，不用化妆"。

第三，强化利益联结。企业通过专家团队的技术服务、市场引导等，大大提升了产品质量和附加值，有效促进了企业发展和扶贫产业提档升级。专家参加驿站建设相当于参与省级科研课题，促进了教学、科研与实践的结合，极大激发了科研人员的积极性。贫困群众以"农业创新驿站"为平台，掌握了先进的农业技术。累计开展技术培训 600 余次，4300 余名河北农业大学学生参与实践，2 万名农技人员接受培训，3 万名农民接触了新理念、新思想，掌握了新知识、新技能，形成了"专家教授领、专业团队教、技术能手帮"的技术推广体系。通过土地流转收租金、入企打工赚薪金、扶贫资金入股分红金，增收脱贫的积极性和主动性不断提高。

目前，保定市在已成功创建第一批太行山农业创新驿站 50 家，规划建设基地面积 28.2 万亩，建成面积 8.6 万亩，涵盖蔬菜、果品、杂粮、中药材、养殖、苗木、盆景等十大类 26 个特色农业产业，保定市 30.27 万贫困人口在"农业创新驿站"的辐射带动下摆脱了贫困。

（二）案例点评

"农业创新驿站"如星星之火，在燕赵大地已成燎原之势。农业创新驿站已经成为整合先进生产要素的大平台，农业现代科技成果转化的孵化器，农业农产品品牌培育的催化剂，为推进乡村振兴提供了强有力的科技支撑。作为科学技术转化平台，通过聚集人才、科技、土地、金融等要素资源，打造了一批无中生有、有中生新的特色产业，并致力于提升农产品价值，构建农产品品牌发展体系，挖掘品牌文化，创新品牌设计，延伸品牌链条，提升品牌价值，创造了一批区域公用品牌、企业品牌和产品品牌，拓宽产业、加工、销售渠道，增强市场竞争力。"农业创新驿站"作为现代职业农民培育的大学校，一批"懂农业、会管理、能掌握先进农业生产技术"的职业农民，在驿站中成长壮大，实现了农村三产融合发展，充分发挥了科技创新驱动力量。该模式在全国具有极高的推广价值。

三、江苏省淮安两家国企平台资产重组提升信用评级

（一）案例介绍

江苏省淮安市 2 家市属国企——淮安市国有联合投资发展集团有限公司（简称"淮安国联"）和淮安市城市发展投资控股集团有限公司（简称"淮安城发"），2023 年双双取得 AAA 主体信用评级。这标志着淮安市在新一轮国资国企改革深化方面，取得阶段性重大成果，市级国企高信用主体矩阵正逐步形成，为今后淮安市区域经济发展、产业招引集聚、乡村振兴、资源生态化开发等方面打下坚实基础。主要做法：

1. 资产整合重组。为有效整合城市资源，发挥淮安国资整体优势，推动市属企业加快转型发展，从 2021 年开始，淮安市从市属企业整合重组入手，推动国企平台公司的转型提升和做强做大。2021 年 7 月 27 日，淮安新组建的五大市属国企揭牌，由 12 户市属企业优化重组成五大集团，分别为淮安市国有联合投资发展集团有限公司、淮安市投资控股集团有限公司（简称"淮安投控"）、淮安市交通控股集团有限公司（简称"淮安交控"）、淮安市文化旅游集团股份有限公司（简称"淮安文旅"）、淮安市金融发展集团有限公司（简称"淮安金发"）。五大集团挂牌以后，逐步聚焦各自主业，加快转型发展，也初步实现了资产和业务的物理整合。

表 6.1 淮安市资产整合重组后五大集团资产规模和战略定位表

公司名称	注册资本（亿元）	总资产（亿元）	重组后发展方向
淮安国联	3.74	1421.93	围绕城市建设、城市运维、城市服务等三大内容开展业务，大力发展市政公用、城市服务业，提高资产管理经营效益，夯实建设开发、类金融板块。
淮安投控	612.19	2766.72	逐步转型为产业投资，保持投资建设和房地产业务稳步发展；继续提升施工业务竞争力、营收规模，并推动上市；以"新兴产业"为主，重点强化产业投资拓展和资产管理能力，适度发展产业金融服务能力。
淮安交控	143.45	553.98	在完善交通产业相关业务运作模式的基础上，持续提升港口物流业务规模和资产收益水平，重点发展现代物流产业和数字经济相关业务。
淮安文旅	201.96	313.46	围绕"全域旅游"，重视"运营策划"，加强对市文旅资源的统筹运营盘活，做好已有文旅项目运营与新文旅项目建设之间的平衡。
淮安金发	21.22	48.33	强化"金融服务与产业投资平台"的功能定位，通过金融服务、产业投资两大业务，强化区域内产融协同效应，推动产业与金融的深度融合。

2. 平台聚智赋能。2022 年，为不断刺激经济发展和提升国企平台公司转型能力，在克服疫情影响下，淮安市国资委，准确把握新一轮国资国企改革的重点任务和发展趋势，在不断强化和完善国资监管体制机制，提高国资国企经营效益和管理效率上做文章，并从提高国资国企改革的科学性和有效性入手，广泛地和各专业领域的投资机构、运营机构和行业智库接触，利用外脑为国资国企改革发展服务。2022 年 7 月 11 日，淮安市国资委与江苏现代资产投资管理顾问有限公司签订战略合作顾问服务协议。双方就国资国企改革政策研究、投融资、整合重组、人才培养和专业培训、国资在线监管平台建设等内容开展顾问服务和战略合作。2022 年以来，双方

围绕《2022 年淮安市国资管理十项重点工作》以及《2023 年淮安市国资管理工作要点》，着眼于提升全市国资监管效能、激发国企高质量发展新动能，淮安市国资委和现代咨询的专家团队，聚焦国资优化布局、国企提质增效、监管能力建设等核心问题，共同组织开展专题调研、专项研究、政策起草等主要工作，针对全市国资管理重点工作和问题开展研究，对过去平台公司的具体工作提出建议或指导。特别是在国资优化布局和国企转型发展方面，现代咨询为淮安市国资委提供了持续且高效的智力支持，为市政府提供了具有方向性、指导性和专业化的操作意见和建议，取得了一定的工作成效。

3. 转型突破提升。淮安市委、市政府高度重视国资国企的深化改革工作，并且始终把推进国资优化布局和国企平台公司的发展转型，放在非常重要的位置。2023 年淮安市政府工作报告指出，市国企深化改革尚未取得突破性成效，市场化转型步伐还不快。报告提出，2023 年要加快国有企业实体化市场化转型，力争 2 家市属国企获 AAA 主体信用评级，2 家以上县属国企获 AA+ 主体信用评级。2023 年 6 月，淮安国联主体信用评级相继被东方金诚、大公国际调升至 AAA。淮安国联是淮安市重要的基础设施建设主体，主要从事淮安市基础设施建设、土地开发、房地产开发，以及类金融服务等业务。2022 年度总资产为 1421.93 亿元，同比增长 10.22%。评级提升主要因素：①淮安市经济与财政实力持续增强，淮安国联外部发展环境优化。②淮安国联所从事的主营业务在淮安市经济社会发展中持续发挥着重要作用。③淮安国联持续得到市政府在财政补贴、股权划转、资产划拨方面的支持，2022 年，市政府将淮安金发、淮安交控部分股权划转至国联。2023 年 7 月 31 日，经中证鹏元资信评估股份有限公司（以下简称"中证鹏元"）综合评定，淮安市城市发展投资控股集团有限公司获评 AAA 主体信用评级，评级展望为"稳定"，标志着城发集团成功跻身国内企业信用等级第一梯队。经查询工商信息，淮安城发于 2023 年 6 月初完成注册，注册资本 50 亿元。根据淮安投控发布的公告，《市政府关于组建淮安市城市发展投资控股集团的通知》同意将淮安市人民政府国有资产监督管理委员会持有的淮安投控的股权无偿划转至淮安城发。

（二）案例点评

国有资产治理是国家治理的重要内容，也是推动国家治理体系和治理能力现代化的重要抓手。构建新发展格局、推动高质量发展，离不开国资治理效能的提高。要坚定不移做强做优做大国有资本和国有企业，积极服务国家重大战略。国有资产的经济性和公共性具有双重价值内涵，国有资产价值实现要树立宏观上的空间思维，并以"管资本"为主，提升国有资产综合配置和使用效率。推动国有资本向关系国民经济命脉的重要行业集中，向提供公共服务、应急能力建设和公益性等关系国计民生的重要行业集中，向前瞻性战略性新兴产业集中，坚守主责、做强主业，当好"长期资本""耐心资本""战略资本"。国资国企要真正成为堪当时代重任的大国重器、强国基石，需要不断提高企业核心竞争力、增强核心功能，构筑竞争新优势，在建设现代化产业体系、构建新发展格局中充分发挥科技创新、产业控制、安全支撑作用。2023年以来，地方国企新一轮整合重组大幕拉开。2023年6月16日，宁波市国有企业改革发展动员部署会暨市属国有企业重组授牌仪式举行，"国有资本投资运营公司＋产业集团＋资源要素保障平台公司"的市属国企的"2+10+1"新格局正式亮相。2023年7月6日，哈尔滨市政府召开市属国企改革重组整合工作动员部署会议，明确此次国企重组整合工作主要遵循推动国有资本向战略性新兴产业集中，按照打造"国有资本投资运营公司＋产业集团＋N个新兴产业"的目标，全力构建"3+6+N"的国资布局体系。2023年7月17日，多家江苏省属国企旗下上市公司发布的公告，共同涉及一桩重大资产重组。以省属企业苏豪控股为基础，将其他内外贸领域企业全部重组整合到省苏豪控股，完成此次股权划转之后，苏豪控股旗下将拥有4家上市公司。信用等级的提升必将为企业开创新的融资渠道，有效破解资金瓶颈。

当前国资治理、国企改革面临诸多新的机遇和挑战，要站在推动中国式现代化的战略高度，借鉴江苏省淮安两家国企平台资产重组提升信用评级的经验做法，资产整合重组、平台聚智赋能、转型突破提升，推进国资治理的创新。

借鉴一：要破除认识上的障碍。盘活国有资产是一个长期、动态、持续推进的过程，也是一个不断优化、重组的过程，各级政府需要把盘活国有资产统一到对社会和公众负责、对地方经济和国资国企改革发展负责的高度上。要把盘活国有资产作为推进国资管理和国资运营的重要抓手，而不能仅仅作为应付政府融资困难、财政收入紧张的权宜之计。因此，要跳出传统的、单一的微观思维、界域思维、静态思维局限，着眼国有资产治理体系的建立和完善，以宏观思维、空间思维、动态思维，推动国有资产经济价值、公共价值的充分实现。需要牢牢把握好盘活国有资产的两大目标，不断在提高国有资产的配置效率和运营管理效率上下功夫。

借鉴二：要破除现实工作中的障碍。当前在各级地方政府的国有资产管理上，存在着权属不清、权责不明、账账不符、账物不符、账实不符等问题，这给加大国有资产盘活力度，有效配置和利用好国有资产，带来了不利的影响。因此，闲置浪费、低效运营和疏于管理，也就不足为奇。

借鉴三：要破除技术手段上的障碍。我国国有资产不仅规模巨大，而且涉及门类多、范围广、价值认定复杂，加上后续还有大量的资产会形成。如果还是按照传统的盘活方式和手段，不仅无法从根本上解决好合法、规范、可追溯和易操作等问题，而且以往存在的诸如计量标准不一、操作随意性强、决策风险和建议风险控制难等问题，也将继续造成困扰。因此，利用数字化手段进行资产盘活，不仅可以对资产进行科学分类、统一资产主数据和价值评价体系，同时也会给规范盘活流程、深化数据应用、提升盘活效率，带来意想不到的效果。

第三节　破解资金要素制约模式

一、福建省三明市开展林业"四资"运作

（一）案例介绍

福建省三明市，素有"中国绿都"之称，林业金融改革创新一直走在全省乃至全国前列，其重点围绕林业资源转化为资产、资产转化为资金、资金转化为资本的改革方向，构建一条林业"四资"运作产业链、供应链、价值链。率先探索出"福林贷""林权按揭贷款""林权支贷宝"等林业金融创新产品，盘活了当地的林业资产，形成了"林农得实惠、企业得资源、国家得生态"的三方共赢格局。

1. 创建普惠金融产品"福林贷"。三明市区梅列区洋溪镇饱饭坑村，住着 195 户 808 人，有毛竹林 3500 亩、杉木林 500 亩、生态公益林 1900 亩。2016 年 9 月，为盘活各家各户分散的林业资源，三明市政府与三明农商银行合作推出普惠小林农的金融改革产品——"福林贷"，饱饭坑村成为试点村。当月，林农邓招娣就将家中的毛竹山抵押，获得了 10 万元贷款。解决了生产资金问题，邓招娣家的毛竹山效益显著提高，当年就实现增收数万元。

饱饭坑村的做法是，经村民代表大会同意成立林业专业合作社，林农向银行申请贷款，合作社成立村级林业担保基金对贷款进行担保；林农以其自留山、责任山、林权股权等小额林业资产为合作社提供反担保，并由合作社统一监管，林业站进行备案，委托村委会集中处置；村委会以诚信为门槛，对村民的林权价值进行评估，并做好前期的授信建档；农商行根据合作社的确认和授信建档情况，对有需求的村民发放贷款。

两年多来，饱饭坑村已有 67 户得到授信，授信金额 645 万元；贷款 45 笔，共计 448 万元。过去，这里的群众有句俗话——"要致富，就上山砍树"，如今，"福林贷"等林业普惠金融新产品解决了不良抵押林权处置

难的问题，把金融引入千家万户，实现了不砍树也能致富。

2. 不断创新林业融资产品。整合资源、盘活资产并转变为资金、转化为资本，是新一轮深化林改的关键。三明以创新林业金融机制作为深化林改的切入点，让更多的资金进入山林，为盘活林业资产创造条件。三明有森林面积2645万亩，森林资源资产总价值约800亿元。如果有20%实现抵押贷款或流转交易，就可盘活160亿元。2014年，针对林权抵押贷款期限短与林业生产经营周期长的"短融长投"问题，三明市借鉴房地产按揭的做法，在全国首推15年至30年期的林权按揭贷款新产品；针对林权流转中买方资金不足和变更登记过程可能出现纠纷等问题，在国内首推具有第三方支付功能的林权支贷宝新产品。这是林权抵押贷款的再创新，林权按揭贷款需要有林权证作抵押，而"林权支贷宝"可以用拟购买的林地作抵押，就像买房一样，不仅适用于各种用材林、经济林、竹林等林权流转交易，也适用于苗圃地等各种林地使用权流转，最长贷款期限达30年。

在全面推广"林权按揭贷款""林权支贷宝""福林贷"的同时，三明还积极探索生态公益林质押贷、林木采伐贷、花卉苗木贷等新型金融产品，实现林业全产业链贷款需求全覆盖；开展林业"投保贷"一体化探索，与保险、信托、银行等金融机构共同突破林权资本化运作，让更多的资金进山入林，解决"钱从哪里来"的问题。

3. 深化林权资本运作。三明在推进林业金融创新中，从政策鼓励、资金扶持、机构支持、便民服务等方面入手，不断创新林业金融支持服务体系，为林业产业的发展提供有力的金融服务保障；同时持续深入推进供给侧结构性改革，采取"三产联动"方式，促进一二三产业融合发展，创新林业产业融合发展机制。喂养绿壳蛋鸡，浇灌铁皮石斛，施肥培育杉木林……在沙县富口镇吉瑞家庭林场，主人卢家群每天的工作安排得满满当当。得益于林改红利，他通过林权抵押获得30万元贴息贷款，在林业种植基础上，拓展生态休闲农业。

实践证明，发展现代林业，推进林业转型升级，实现林业增效、林农增收，需要不断培育新型林业经营主体。据介绍，三元区的草珊瑚、梅列区的黄精、永安市的金线莲、大田县的红菇等产业，目前经营面积累计达

349 万亩，实现产值超 100 亿元。

为进一步深化集体林权制度和林业投融资体制改革，三明还大力推进国有企业产权多元化，重点在林业经营主体、林业富民产业、林业经营模式、林改配套制度、林权资本运作上强化创新举措。为实现林产与资本市场的有效结合，三明引进和培育了一批林业产业龙头企业。三明还培育了涉林中国名牌产品和驰名商标 10 个、省级品牌 86 个。同时，三明积极拓展培育林业文化、林区旅游、林品电商等外延产业，建设了一批林业创意文化旅游产业园，培育了 134 户"森林人家"，占全省的三分之一。

（二）案例点评

发现资源资产价值并实现资源资产价值化、资本化是乡村发展的潜力所在。福建三明市开展林业"四资"运作，打造生态产业链、供应链、价值链，以生态资源为基础，实施林权改革，创新金融产品，破解资金制约难题，通过生态资源转变资产、资产转变资金、资金转变资本，增值变现退出，再进入下一个循环。这是物质生产的过程，也是价值生产和增值的过程，四者形成一个闭环的价值链、形成资本生态链，"四资"运作是价值生态循环，是一个长链闭合循环，它们之间有清晰的逻辑演绎和转化关系。资源、资产、资金、资本四者有天然的联系，是一个有机的整体，四者之间是一种相互转化的关系。市场经济越繁荣，金融越发达，资本市场越完善，"四资"的关系越紧密，互相转化的机制也越健全，转化的频率和效率也越高。这样的物质生态和价值生态的循环有力推动了资源、人口、经济、资本、环境等各个因素的相互协调的经济的可持续发展，以自然资源保护和合理利用为基础，保护了绿水青山的颜值，以激励经济发展为条件，做好了金山银山的价值，以少投入，多产出，更多增加社会财富为目标，形成了改善和提高人民生活质量为目的的发展路径。

二、河北省隆化县以"政银企户保"破解融资难

(一)案例介绍

河北省隆化县针对农户发展特色产业缺资金、少项目的实际情况,开展了"政银企户保"金融扶贫,初步探索出一条以政府增信为依托、以信贷风险分担机制为核心、以多方联动为基础的特惠金融扶贫新路子,在 7 个乡镇集中打造以设施蔬菜、设施果品为重点的 10 万亩省级现代农业综合示范区建设,构建贷款承接新载体,解决了农户"贷不到"、银行"贷不出"的问题,推动了特色产业发展和群众增收。"政银企户保"入选"农业农村部 2018 年全国产业扶贫十大机制创新典型"和中国保险行业协会首届"全国保险业助推脱贫攻坚十大典型"。

1. 做好顶层设计,发展"五位一体"特惠金融。没有很好的金融服务和产品,就没有特惠金融扶贫目标的实现。隆化县以落实扶贫小额信贷政策要点为突破口,按照定向、精准、特惠、创新的原则,将政府、银行、企业、农户、保险公司等各方面利益统筹考虑,制定了《"政银企户保"金融扶贫实施意见》,设定金融产品,细化服务措施,做好顶层设计。

"政",就是政府搭台增信。由政府主导,建设金融服务网络,发挥行政资源和社会资源优势,配合金融机构做好金融扶贫组织工作。发挥财政资金"四两拨千斤"的撬动作用,整合财政涉农资金,打捆设立担保基金、保险基金、风险补偿金"资金池",存入合作银行,为特惠金融扶贫开展提供增信支持。

"银",就是银行降槛降息。一方面,选择涉农银行,激励银行降低扶贫贷款利率,为农户、家庭农场、农民合作社、扶贫龙头企业和股份合作制经济组织等带贫益贫企业发放脱贫产业贷款。另一方面,使用好人民银行扶贫再贷款,支持农户和带动贫困户就业发展的企业、合作社,积极推动发展特色产业和贫困人口创业就业。

"企",就是企业带贫益贫。脱贫产业贷款承贷企业采取多种模式带动贫困户发展。根据企业和合作社带动贫困户的数量,由各县政府制定政策,

筹措资金，以 3% 为贴息率上限，实行差别化贴息，带动越多，贴息越多。带动贫困户数达到 60% 以上的贴息 100%，带动贫困户数 30% ～ 60% 的贴息 50%，贫困户数不足 30% 的不予贴息。与此相配套，大力发展股份合作制经济，吸纳贫困人口以到户财政扶贫资金、土地等入股当股东，通过产业链建立企业与贫困户的利益联结机制，使贫困群众变成流转土地拿租金、利益联结分股金、入企打工挣薪金的"三金"农民。

"户"，就是农户承贷用款。全面落实扶贫小额信贷政策要点，坚持贫困户参与和自愿的原则，拓宽用款渠道，提高贫困户发展能力。一是对符合贷款条件，有自主发展能力和产业项目的贫困户，通过户贷自用扶贫小额信贷"自我发展"特色产业。二是对符合贷款条件，没有适宜产业的贫困户，通过户贷社管发展模式，采取与家庭农场、企业、股份合作经济组织合作、合营方式发展扶贫产业。三是对加入股份合作制组织的农户，通过企贷户用发展模式，带动农户发展特色产业。

"保"，就是保险风险兜底。选择合作保险公司，开办扶贫小额贷款保证保险，参与贷款风险分担，减轻扶贫企业和农户经营风险，当农户 5 万元以上的脱贫产业贷款和带贫企业脱贫产业贷款发生损失时，由担保基金、银行机构和保险公司，按照 1 ：1 ：8 的比例共同代偿贷款本息。

2. 加强统筹协调，着手建立"五力合一"体系。建立政府＋银行＋龙头企业＋贫困户＋保险公司的"五力合一"扶持体系，充分发挥政府的推动力、银行的撬动力、企业的带动力、贫困户的内生动力、保险的风控力，提高贫困群众进入市场的组织化程度，多途径增加收入。

首先，切实发挥三级金融服务网络作用。组建县乡村三级金融服务网络，县设金融服务中心、乡设金融服务部、村设金融服务站，为贫困户和企业贷款提供便捷化服务，特别是乡、村两级，利用熟悉贫困人群情况、熟悉当地产业实际的便利条件，协助金融机构共同做好贫困户授信、贷款回收、贴息识别、公开公示与保险业务。三级金融服务网络解决了金融部门与贫困群众信息不对称问题，在降低金融机构运营成本的同时，实现了金融机构与农户、服务与需求、资金与产业的有效对接，提高了扶贫精准度，为金融服务扶贫脱贫工作提供了有力的组织保障。

其次，充分调动贷款相关各方积极性。建档立卡贫困户都是清一色"穷人"，银行为了规避风险，存在不敢贷不愿贷的思想顾虑，通过政府搭台增信和贷款风险分担机制，有效地解决了贷款风险，消除了银行担忧。县级政府通过政策性保险业务的合作服务，调动了保险公司开办扶贫小额贷款保证保险的积极性。贫困户获得免担保免抵押、基准利率、财政贴息、县建风险补偿的扶贫小额信贷，激发了脱贫的内生动力。推行"政银企户保"以来，县级合作银行进一步放宽农户贷款年龄，普遍下调贷款利率，扶贫小额信贷统一执行基准利率放贷。

第三，全面增强扶贫龙头企业带动能力。隆化县把特色产业列为精准脱贫八大专项行动之首，把扶持扶贫龙头企业发展摆到重要位置。按照企业管理规范、带动效果明显的原则，评定扶贫龙头企业，并实行动态管理。扶贫龙头企业通过吸引贫困户入股、租赁设施、务工等多种方式带动贫困户发展。通过县级金融服务中心，扶贫龙头企业可以获得脱贫产业贷款，为扶持扶贫龙头企业发展，增强带贫益贫能力，银行普遍下调了贷款利率，幅度达 24.6% ～ 35.4%，扶贫企业在贷款环节减少了诸如请客、送礼等不确定的隐性成本。扶贫企业通过代种代养、租赁、托管、订单等方式，与农户建立紧密的利益联结共享机制，带动了贫困群众增收致富，既让贫困群众在产业发展中增加收入，又保证农户成为贷款的最大受益者。

第四，积极探索贷款使用方式。除户贷自用模式外，对没有适宜产业的贫困户，实行"户贷社管"发展模式。对不具备借款条件的农户，实行"企贷户用"发展模式，严禁"户贷企用"。

"户贷户用"，贫困户发展产业扶贫项目，优先发放扶贫小额信贷，由三级金融服务网络向责任银行推荐，银行直接放款。资金仍不能满足需要时，可按照规定申请"政银企户保"脱贫产业贷款。隆化县鼓励贫困户安装分散式光伏项目脱贫，依托"政银企户保"发放扶贫小额信贷 1528 万元，直接扶持 1128 户贫困户，户均年增收 3000 元以上，实现了长期稳定增收。

"户贷社管"，对于不具备自主发展能力或独立经营风险较大的贫困户，组织引导他们参加合作社，签订"贫困户、合作社、龙头企业、责任银行"四方协议，并明确贫困户贷款为优先资金，龙头企业利用自有资产对合作社的资产进行反担保。以两种模式共同发展，其一是户贷社管合作发展，贷款贫困户加入或抱团成立特色种养业、手工业专业合作社，合作社提供产前培训、产中指导、产后销售，让贫困群众学技术、学经营，形成脱贫致富长效机制。其二是户贷社管合营发展，贫困户加入或抱团成立农民合作社，与龙头企业等新型经营主体协作合营，成立新的经营主体，并确立贫困户的主体地位和合作社的经营主导权，充分发挥龙头企业等新型经营主体的资金、技术、信息、销售和服务优势，保证合作社和贫困户资金安全、稳定收益和生产就业能力的提升。

有一贫困户申请 10 万元"菇农贷"，用建好的微型菇棚资产入股专业合作社，由合作社全托管并与扶贫龙头企业签订"保产、包收、保价的供收运营合同"，保证通过蘑菇销售货款偿还贷款，让贫困户无需投入即可获得生产运营收入。

"企贷户用"，企业是贷款主体，承担贷款风险，农户间接获得贷款。通过差别化贴息政策，完善了企业带动奖励机制，激发了企业参与扶贫的积极性，通过大力发展股份合作制经济组织，以企带村、以社带户、以大户带贫困户，着力提高贫困群众发展产业的组织化程度，走出一条"资金支持龙头企业发展、企业带动农户脱贫"的新路子。

3. 加强风险防控，着力构建"五项工作机制"。通过扶贫小额信贷风险补偿机制、银行风险分担机制、保险兜底机制、熔断机制和组织防范机制建设，切实加强扶贫贷款风险防控。

扶贫小额信贷实际发生损失形成坏账时，合作银行提出补偿申请、提交相关证明材料后，由合作银行和风险补偿金按 2∶8 比例分担。选择合作保险公司，开办扶贫小额贷款保证保险，参与贷款风险分担，减轻扶贫企业和贫困户经营风险，当农户 5 万元以上的脱贫产业贷款和带贫企业脱贫产业贷款发生损失时，由担保基金、银行机构和保险公司，按照 1∶1∶8 的比例共同代偿贷款本息。

当乡镇贷款不良率达到 3% 时，启动熔断机制，进行调查整改。发挥好基层组织的风险防范作用，通过贷前审核、贷中服务、贷后监管，降低金融风险。由乡镇党政主要领导、包村干部、驻村工作队成员、村两委干部和相关的市场经营主体负责人等五方面人员，与金融机构信贷人员一起，组成"5+1"工作组，对有贷款意愿的企业、农民合作社和贫困户进行梳理，对其信用状况进行综合评估。由县担保服务平台汇总后提交县联审监管组进行评审，形成《评审意见书》。金融机构以全国个人信用数据库为平台，对贷款人进行严格审查。坚持特事特办，努力简化贷款流程，减少审批环节，实行"一站式"服务，对符合贷款条件的企业和个人，做到随批随放。"5+1"工作组跟踪贷款使用情况，避免"贷而不用、贷而他用"。

大力宣传金融政策，让农户树立诚信还款意识，将贷款协议履行情况作为衡量借款人信用水平的重要内容记录在案。出现逾期时，银行会同县担保平台和保险公司，综合运用人情、制度、法律等多种方式，全力追偿。通过加强管理，严控程序，金融风险得到了较好防控。目前，全县扶贫小额信贷逾期余额，仅占贷款总量的0.10%。

（二）案例点评

现代市场经济发展经验表明，成功的市场经济是将资本力量与道德力量结合起来的市场经济。畅通城乡要素流动，积极引导金融回归服务实体经济，大力发展科技金融、绿色金融、普惠金融、养老金融、数字金融，是促进农民共同富裕、乡村全面振兴的重要驱动力。打通乡村金融服务的"最后一公里"，不仅仅是金融问题、经济问题，更是政治问题、社会问题。隆化县实施"政银企户保"金融扶贫以来，贫困群众称赞说"小额信贷实在好，有了政银企户保，贷款不用到处跑，安心只把生产搞"。

创新之一：解决好"谁服务"的问题。政府是脱贫攻坚的责任主体，向贫困人口提供金融服务是个世界性难题，要走出一条有中国特色的金融扶贫之路，必须综合施策，勇于创新。实践证明，政府搭建了平台，提供了增信支持，就能为金融机构开展特惠金融扶贫提供有力的支撑。

创新之二：解决好"谁来贷"的问题。没有银行的支持，单靠财政投入，扶贫产业很难有大的发展。"资金池"增加了银行存款，降低了信贷风险，既解决了银行客户资源不足的问题，也解决了放贷信心不足的问题，使银行由"不敢贷"变为"主动贷"，承担了社会政治责任。实践证明，只要政府和市场结合起来，把"两只手"都用活，就能够让银行在特惠金融扶贫中发挥更大作用。

创新之三：解决好"谁担保"的问题。"担保难"是"贷款难、贷款贵"的重要原因，是金融扶贫的拦路虎。政府设立担保基金、保险基金，保险公司与政府、银行共同承担损失，极大降低了各方风险，解除了银行后顾之忧。实践证明，只要政府勇于担当、善于担当，把多方的积极性调动起来，就能把"担保难"的问题解决好，"贷款难、贷款贵"问题就能迎刃而解。

创新之四：解决好"谁带动"的问题。有效益的服务会更稳定、更持久。没有贫困户、大户、合作社、龙头企业这四个主体的同向运作，互动渗透，特色产业就发展不好，扶贫小额信贷也难健康持续发展。在金融扶贫工作上，政府要的是社会效益，企业、银行和保险公司兼顾经济效益，参与到国家战略中来。政府、企业、银行、保险公司坐到一条船上，把钱贷出去、把钱使用好成为多方共同努力的目标。实践证明，只要工作到位、机制健全，企业、银行、保险公司都会成为金融扶贫的参与者、支持者、服务者，特惠金融扶贫就可以越做越好。

创新之五：解决好"贷给谁"的问题。扶贫小额信贷的目的就是激发贫困群众的内生动力，发展特色产业。产业与金融，是"皮"与"毛"的关系，产业是金融扶贫的前提和基础，有产业才能有贷款。实践证明，只要有了好项目、有了产业、有了市场，特惠金融扶贫就能有的放矢、游刃有余。

三、河北省承德塞罕坝林场"碳汇"交易

（一）案例介绍

2018 年 8 月，河北塞罕坝林场在北京环境交易所与北京兰诺世纪科技有限公司达成了首笔造林碳汇交易，交易量 3.6 万吨。塞罕坝林场首批森林碳汇项目计入期为 30 年，其间预计产生净碳汇量 470 多万吨。按碳汇交易市场行情和价格走势，造林碳汇和森林经营碳汇项目全部完成交易后，可

带来超亿元的收入，进一步盘活了塞罕坝林场的林业资产。

碳汇，是指通过植树造林、森林管理、植被恢复等措施，利用植物光合作用吸收大气中的二氧化碳，并将其固定在植被和土壤中，从而减少温室气体在大气中浓度的过程、活动或机制。森林是最经济的吸碳器，它通过光合作用吸收二氧化碳，释放出氧气，形成碳汇。森林通过光合作用吸收二氧化碳，相对工业而言，碳汇成本较低，有"绿色黄金"之称。每生长 1 立方米林木，森林平均吸收约 1.83 吨二氧化碳。以此依据可测算出大兴安岭国有林区的森林碳储总量约为 17.4 亿吨，林区森林年生长量 1500 万至 2000 万立方米，按照 1500 万立方米保守计算，林区年新增可交易的碳汇总量 2745 万吨。

1997 年通过的《京都议定书》承认森林碳汇对减缓气候变暖的贡献，并要求加强森林可持续经营和植被恢复及保护，允许发达国家通过向发展中国家提供资金和技术，开展造林、再造林碳汇项目，将项目产生的碳汇额度用于抵消其国内的减排指标。碳汇交易开始是国际交易，一些发达国家出资向发展中国家购买碳排放指标，是通过市场机制实现森林生态价值补偿的一种有效途径。一些国家通过减少排放或者吸收二氧化碳，将多余的碳排放指标转卖给需要的国家，以抵消这些国家的减排任务。

碳汇交易是碳交易的一个品种。国家发改委发布施行的《温室气体自愿减排交易管理暂行办法》，将能源工业、能源分配、能源需求、制造业、化工行业、建筑行业、交通运输业、矿产品、金属生产等 15 个专业领域的减排项目列入减排交易中。林业碳汇项目减排量只是其中交易的一种产品类型。

2013 年以来，我国先后启动了北京、天津、上海、重庆、湖北、广东、深圳和福建 8 个碳交易试点。经过了 10 年试点，2021 年，全国碳交易市场正式上线。如果只从数据上看，确实中国碳市场的交易规模 2021 年只有 76.61 亿，欧盟是 5589 亿欧元；从价格来讲，欧盟 2021 年平均 56 欧元每吨，中国碳市场是 42.79 元人民币每吨；从流动性来讲，欧洲碳市场换手率超过 500%，而中国碳市场换手率不到 5%。中国的碳中和大约需要 140 万亿元，国际新能源署甚至认为，中国的碳中和 40 年大约需要 283 万亿人民币，需要市场化的资金。碳市场可以为中国的碳中和提供一个"大长金"，也就是大规模的、长期的、低成本的资金，这样才能为中国的技术创新保驾护航。

发达国家碳达峰的时候，人均 GDP 基本上 3 万美元以上，但中国 2021 年人均 GDP 也刚刚超过 1.2 万美元，其中有很大的差距。全国碳市场尚处于起步阶段，根据《巴黎协定》，2050 年国际社会气温不能超过工业革命前 2℃，力争不超过 1.5℃，习近平总书记也郑重宣布我国的"双碳"目标，目前我们距离"碳达峰"的时间不足 7 年，距离"碳中和"的时间不到 40 年，要完成最大强度的碳排放降幅，实现碳中和，前无古人。中国从 2005 年到 2012 年这 7 年参与了欧洲 CDM（清洁发展机制）市场，CDM 市场中有一批新能源企业从中积累了原始资金；2013 年之后中国推出了 CCER（中国核证自愿减排量），风、光、电、生物质、甲烷利用、碳汇类企业可以通过这个市场获得一定收益。

2016 年 8 月，塞罕坝林业碳汇项目首批国家核证减排量获得国家发改委签发，成为华北地区首个在国家发改委注册成功并签发的林业碳汇项目，也是迄今为止全国签发碳减排量最大的林业碳汇自愿减排项目。多年来，塞罕坝林场不断探索建立森林生态效益补偿市场化新机制，将林场的生态优势转化为经济优势，努力实现可持续发展良性循环。

（二）案例点评

2021 年，全国碳交易市场正式上线。经过了 10 年试点，2021 年 7 月 16 日正式鸣锣开市。很多新的技术革命，新的市场工具，往往都经历一个有意思的过程，一开始很多人看不懂，比如以碳市场为例，交易量还很小，所以有的人看不起，但是他不知道这个市场工具背后的巨大爆发力，未来当他明白的时候，可能就跟不上了。

河北塞罕坝林场在北京环境交易所与北京兰诺世纪科技有限公司首笔造林碳汇交易的达成，标志着塞罕坝林场碳汇产业迈出了实质性的一步，也意味着塞罕坝林业生态资源资产真正实现生态价值化、资本化，取得了森林生态效益和经济效益双赢。

"碳汇"，不仅是一个新概念，而且成了生态资源资产转化为具有价值的、可在交易所交易的商品。其中，发现林业资源资产的生态价值，确定权属关系后，探索生态资源价值定价评估方法，科学合理评估各类资源价值，破解"绿水青山无价"难题成为关键。保护好绿水青山的颜值，做好金山银山的价值，有力诠释了"绿水青山就是金山银山"的理念，对推动国有林场绿色转型发展、建立生态融资新机制，具有里程碑意义。

在碳交易市场中，交易主体可分为政府、履约企业、投资机构、非履约企业以及社会组织团体和个人等五类。不同的交易主体交易不同的标的物，会形成各种诸多交易模式。通俗来讲，碳交易就是按照一定的方法和规则，把碳排放配额分配给不同的能源消耗主体，那么能源效率高的企业就可以将富余的配额出售给能源效率低的控排主体。那么交易的价值体现在什么地方呢？就是经济学中一个非常重要的问题，提高效率。碳交易可以低成本、高效率地促进全社会的节能减排。

中国的碳市场，是世界上第一个在发展中国家建设的碳市场，是非常具有指标性意义的。我们的碳市场建设，吸取了很多国外的经验，也经过了前期的充分试点，所以后面的提速会比较快，不会像欧盟、美国的碳市场从启动运行到正式运行经历了很长时间。现在中国的碳价大概是 8 美元，到 2025 年大概是 15 美元，到 2030 年大概是 25 美元，这是对碳市场底价的预测，因为如果比这个价格低了，我们的碳减排目标就完成不了。

中国作为发展中国家，碳排放特点跟西方发达国家不一样，中国碳排放 80% 来源于发电行业和工业部门，是固定源排放，容易通过碳交易的手段进行管理。现在只是发电一个行业开始交易，"十四五"末要发展到八大行业，管控到 8500 家企业，这 8500 家企业占到二氧化碳排放量将近 70%。中国是世界上最大的碳排放国家，2020 年的排放差不多 100 亿吨，还没有达峰，当然从历史上看，我们的碳排放远远低于发达国家。而中国要用人类历史上最短的时间（30 年），完成最大强度的碳排放降幅，实现碳中和。如果我们没有一个低成本、高效率的市场工具是绝无可能完成这个任务的。中国碳市场目前只有电力行业纳入，同一个行业的企业减排成本几乎没什么差别，必须尽快地扩大行业的覆盖范围。

　　另外，也不会只有控排企业，多元化的市场主体非常重要，才能够逐步发现市场的公允价格。碳市场对以化石能源企业为代表的能源效率低的企业来说，是一种约束机制；但对以新能源、可再生能源企业为代表的能源效率高的企业来说，是一种重大的激励机制。这些机制的功能将会产生越来越重要的作用，比如中石油公司在 2005 年到 2012 年间，采用新能源技术和装备，开发了当时全世界最大的一个 CDM 项目，赚了三四十亿人民币。特斯拉 2020 年通过出售碳积分（新能源汽车积分交易）获得 15.8 亿美元的营业收入，而这一年特斯拉的净利润为 7.21 亿美元。这也就意味着，如果没有这部分额外收入，2020 年又将是特斯拉亏损的一年。

　　所以说，碳市场的激励机制的作用是非常大的，低碳排放的企业可以从中创造财富。碳市场因为创造了"碳价"，这个碳价将会改变人们的消费方式，改变企业的生产方式，企业愿意生产低碳的产品，个人和企业也会愿意投资低碳技术创新。虽然个人的碳减排从总量上无法与大型工业企业、能源企业、交通企业、建筑企业相比较，但个人碳减排会形成巨大的倒逼机制，绿色消费将会倒逼绿色生产和绿色流通。

　　2021 年北京市交通委联合高德公司推出了一个 MaaS（出行即服务），大约有 100 万用户参与了这个 MaaS，计算得出是 1.5 万吨碳减排，北京市政路桥的一个子公司以 65 万元人民币购买了这 1.5 万吨的碳减排，购买碳减排的费用通过各种积分奖励方式反馈给了选择公共交通绿色出行的用户，形成了一个正向循环。

　　碳市场的最终目的是促进减排。由机构主导的金融工具的作用主要是保证价格信号不失真，这样才可以用更真实的价格信号指导电力企业、钢铁企业、水泥企业等控排企业能够以更低成本履约。以首先进入碳市场的电力企业为例，国家对配额发放的政策一定会越来越紧，同时未来可预见的几年之内，可能生态环境部不会免费发放配额，而是要采用拍卖的方式了。那么对电力企业来说，配额的成本就瞬间凸显了。电力企业需要在保证履约同时保证企业持续发展的前提下，控制"动力煤成本、碳配额成本、电价收入"这三个生产要素的波动风险，不能等到临近履约期末，搞"拉闸限电"。因此，企业需要有未雨绸缪的能力，建立"生产、碳排放、收益"

三个要素的波动风险管控能力，将履约责任分散到平时，以促成低成本地实现"双碳"目标达成。

在碳市场的建设中，有几个关键环节：第一，是企业报送碳排放数据，现行的法律法规对企业报送碳排放数据的约束还停留在罚款层面，在依法监管层面尚有缺失；第二，是杜绝数据造假，企业与第三方核查机构共同造假的问题如何解决，也需要进一步健全相关法律法规；第三，是企业要严格履约，对企业不按时履约或者不履约的惩罚也还停留在罚款层面，罚款跟获利是不成正比的。所以，我国碳市场的运行需要强力的司法资源保障，才能保证碳市场的行稳致远。目前我国碳市场管理条例的推出进程加快了，不久的将来就会正式出台，将为碳市场的健康发展提供坚实的基础。碳市场建设要尽快扩大行业覆盖范围，从发电行业尽快扩大到水泥、电解铝、石油、化工、钢铁等行业，力争在"十四五"期间做到对八大行业的全覆盖。

中央印发的《关于建设全国统一大市场的意见》对我国碳市场建设起到一个加速器的作用。如果我们国家没有一个统一的碳市场，价格传递机制就不会很顺畅，在促进"间接减排"方面会有比较大影响。

第四节　破解资本要素制约模式

一、河北省以股份合作制破解要素制约瓶颈

（一）案例介绍

当前，制约我国乡村发展的主要瓶颈是县域城乡要素分割化障碍大、资源资产资本化水平低、主体分散化程度高、农民利益碎片化趋势严重。这一大、一低、一高、一重，是农村改革发展绕不开、躲不过的关口。股份合作制涉及农村产权和城乡要素配置的综合改革，是闯过这些关口、解决这些问题的有效办法和治本之策。

1. 以股份合作制破解城乡分割化。股份合作制破解城乡分割的二元结构深层次矛盾，就是要打破城乡之间要素流动和产业互动的深沟壁垒，建立起吸纳城市工商资本、先进技术、专业人才等现代生产要素进入农业农村领域的平台和载体，实现城乡之间产业互动、融合发展。股份合作制这一组织方式和经营模式，把城市资本的趋利性和农村优势资源的稀缺性衔接起来，解决了城市资本找不到出路、农村资产资源难以激活的难题。

阜平县大道农业开发园区涉及 10 个村、1763 户，园区内原来的荒山、荒地因产权归属不一，难以整体开发，导致长期闲置。城市工商资本的顺利进入，得益于找到了农业园区这一股份合作的载体。5 名股东投入 2 亿元、以股份制形式成立大道农业综合开发有限公司，种植高山苹果示范园区约 1 万亩、25 万株，整理高标准梯田 9600 亩。公司实行"大园区小业主"的经营模式，一方面依托公司对荒山、荒坡实行统一种植、统一管理、统一收购、统一品牌、统一销售"五统一"，用城市的先进生产技术、先进管理经验、专业技术人才来为现代农业发展提速；一方面以 50 亩为单元，按照统一标准，让农户分片包干经营，实现了"不离家门能创业、不用进城能打工"，提升了劳动者素质和就业创业能力。

2. 以股份合作制破解农村资源资产资本化。新的形势下，推动农村改革发展最大难点，也是最大潜力，是唤醒沉睡多年的优势资源资产。发展股份合作制，最大的特点和优势是通过股份合作将土地等资源与工商资本高效配置，实现农村资源资产的资本化，为乡村发展、农民增收增添新的动能和活力。

"晒太阳、种棒棒"，是对过去曲阳县齐村乡村民生活状况最确切的描述。由于缺乏盘活农村资源资产的机制和平台，农民长期抱着山多、水多、资源丰富的"金饭碗"过穷日子，2013 年人均纯收入仅有 1950 元。2014 年该乡采取政府＋银行＋龙头企业＋合作社＋农户的"五位一体"模式，发展股份合作制，农户以荒山荒坡折价入股，引入工商资本，由多家公司对 78.6 平方公里荒山荒坡进行综合立体开发，发展了万亩红枣、万亩核桃、万亩生态林、万亩光伏发电和千亩鲟鱼养殖基地"四万一千"项目。股份合作唤醒和盘活了沉睡多年的闲置资源资产，给农村和农民带来了巨大而丰厚的收益。

目前，万亩红枣基地配套发展了2个红枣加工厂和2个红枣专业合作社，达到人均枣树4亩，人均增收4800元；以南雅握、峪里、店上等5个村为中心的万亩核桃基地，覆盖片区人口1万多人，挂果后亩增收8000多元；全乡生态林种植面积已发展到8000亩，人均增收1000元；建设姆鱼池300个，年产值4500万元，带动周边村民500多户，户均增收2400元。

3. 以股份合作制破解农业主体分散化。深化农村改革，必须在坚持家庭经营基础地位不动摇的前提下，找到一条集约化、规模化、组织化、社会化的发展路子。农户作为传统的生产经营单位，受限于规模体量和自有能力，不纳入新的组织方式和经营模式，很难自身解决分散化问题。推行股份合作制，通过横向资源要素合作联合和纵向产业链条延伸，将分散农户予以整合，集体纳入现代农业生产体系中来，促进了现代农业生产格局的形成。

饶阳县大尹村镇大迁民村原是国家级贫困县里的贫困村，该村没有工业基础，却有发展现代农业的资源与环境优势，全村2498口人，拥有5468亩耕地。但由于没有先进的组织方式和利益联结机制，农户被分割在条块化的责任田里，机械化水平低、科技成果无法推广、经济效益没有保障，种地成了谁都不愿干的活。2011年衡水市众悦公司出资1500万元组建党恩合作社，420个农户加入合作社并将自己的3200亩土地以入股的形式流转给公司，公司投资近亿元对土地进行规模开发，建设了大型现代农业循环经济示范园区，开展种植、养殖及肥料、饲料加工及农产品储藏、加工、销售，实现一二三产业融合发展。由分散经营到股份合作，在大迁民村扩大的不仅仅是生产规模，更重要的是由此带来的市场话语权、生产高效率。几年下来，该村加入股份合作的农户比分散经营的农户年收入高出近3倍。

4. 以股份合作制破解农民收益碎片化。股份合作制把农民利益与企业发展捆绑在一起，把农民的土地与企业的先进要素捆绑在一起，所建立起来的利益联结机制和利益保障机制，使农民得到了土地租金、务工薪金和分红股金"三金"收入，避免了农民种地"靠天吃饭"的困境和今天有活干明天没活干"流动性"打工的尴尬，确保农民能持续、稳定分享土地等资源资产带来的收益，破解了农民利益碎片化倾向。

2016年4月，涞水县成立南峪农宅旅游农民专业合作社。南峪村共224户671人，其中建档立卡贫困户49户、贫困人口80人，按照普通村民每人1股，贫困户每人2股，全部加入合作社，发放股权证。合作社利用中国三星1000万元捐赠资金和县政府配套资金，流转闲置老旧农宅使用权15套，进行统一设计、修旧如旧、特色改造，打造高端民宿。农宅产权不变，合作社流转15年，每年支付流转金，前5年，每套院每年支付2000元；中期5年，每套院每年支付3000元；后期5年，每套院每年支付5000元。通过中国扶贫基金会，引入专业运营商——恒观远方（北京）网络科技有限公司，负责高端民宿的客源组织、日常管理和运营维护。2017年6月，改造农宅8套，全部投入运营，半年接待游客2900人次，实现营业收入174万元，打响了"麻麻花的山坡"这一民宿品牌。建好利益联结机制，优先安排有劳动能力的贫困群众担任民宿管家，增加工资性收入。目前13名管家中有脱贫群众5名，每人每年增收31000元，实现"一人就业、全家脱贫"。农户通过销售柴鸡蛋、花椒、核桃等土特产，带动26户年均增收500元。高端民宿收益按两个层次分配：一是按照运营商占30%、管家工资占20%、合作社占50%的比例进行第一次分配；二是对合作社所得，按照一般农户1股、贫困户2股的标准进行第二次分配。贫困群众每人获得分红收益2000元，实现了农民收入的持续稳定增长。

5. 以股份合作制推进资本市场建设。构建政府主导、资本市场多方主体共同参与的工作协调机制，完善资本市场普惠金融功能，将资本市场"活水"引入乡村，在石家庄股权交易所设立"乡村振兴板"，河北省出台了《河北省企业挂牌上市奖励资金管理办法》，对在境内外首发上市的龙头企业，一次性奖励200万元；对在"新三板"挂牌的龙头企业，一次性奖励150万元；对在石家庄股权交易所主板挂牌的龙头企业，一次性奖励30万元。围绕小农户"谁来带动、如何参与、金融支持、收益分配"，推动农村产权制度改革，建立小农户与龙头企业利益联结共享机制。河北省出台了《关于完善龙头企业认定和管理的实施办法》，按照现代企业制度、带贫益贫、防范风险的原则，认定龙头企业。2020年，全省股份合作制经济组织已发展到 9529 家。按照"企业配置社会资本"的要求，推动龙头企业股改、上市、挂牌，提供股权质押、"上市贷"等融资服务。

按照"政府配置财政资金"的要求，一是整合下放、折股量化。将财政涉农资金进行整合，下放到村主导的合作社，作为合作社发展的股本金。财政衔接资金按每户应得资金折股量化，形成股权向每个脱贫户分配，由资金到户改为资本到户、权益到人。

二是参股投放、统一建设。涉农整合资金作为村集体股份，衔接资金为脱贫户股份，以村合作社为单位，将本社的股本金，投放到龙头企业，组成新的项目公司。按照特色产业项目的建设标准，由政府和企业统一建设，形成物化资产。参与股份合作经营的各方必须签订《资产收益扶贫股份合作协议书》，合作社股份作为优先股，龙头企业利用自有资产对合作社的资产实施反担保。

三是合规经营、利益共享。龙头企业在生产方式上，实行统分结合，充分发挥两个积极性。统一流转土地、统一建设基础设施、统一传授技术、统一融资、统一品牌标准、统一价格回收，包产到户、分户经营。在销售模式上，发展订单农业，将农业一元化生产变为二元化生产。由电商平台充当销售科，股份合作制企业变成生产车间。在技术支撑上，聘请高校专业技术人员，建立农产品研发中心。在分配机制上，合作社的股份收益率一般为 5% 至 8%，按期"保底＋分红"。到 2022 年，有 23 家龙头企业在"新三板"挂牌，累计融资 9.6 亿元；198 家龙头企业在石家庄股交所挂牌融资。

推广"保险＋期货"业务，防范化解特色产业的市场风险。河北省作为全国主要粮食产区，小麦、玉米播种面积较广，为发挥期货产品风险防范作用，确保农户增产增收，协调期货公司先后开展了"保险＋期货"业务，有效地帮助农户规避农产品价格波动风险。

在邢台市任泽区，永安期货开展了全国首单小麦"保险／期权＋期货"业务试点，为 1000 亩约 400 吨小麦参保，农业合作社通过购买看跌期权，获得项目赔付 3.37 万元。

在大名县，2017 年，方正中期期货开展场外期权试点，完成 1000 吨玉米保险帮扶项目，3 家合作社的 210 个农户直接受益 11 万元；2018 年，方正中期期货再次开展玉米"收入保障计划"项目试点，覆盖 5.6 万余亩、3 万吨玉米，惠及农户 13922 个。此外，永安期货出资 120 万元协助大名县搭建农特产品销售电子商务平台，为大名县 9 个种养大户、258 户提供鸡蛋价格场外期权产品等。

河北省通过明晰所有权、放活经营权、落实监管权、确保收益权，建立归属清晰、权责明确、保护严格、流转顺畅的现代农业产权制度，构建了资本市场的运行机制，畅通了城乡要素流动，实现了资本与劳动的联合，推动了农村三产融合发展和农民增收。

（二）案例点评

股份合作制经济组织，兼有股份制和合作制两种经济形态，是农户在合作制基础上，将土地、资金、劳动力等资源资产资金折价入股，依法自愿组织起来，并采取股权设置、组织管理的一种新型经济实体。股份合作制经济组织实行按股分配和按劳分配相结合，是盈利与互助相互兼顾、市场主体和农户互利共赢的有效形式，通过资本市场发展特色产业、壮大农村集体经济和增加农户资产收益的重要途径，是我国当前农村经济体制改革的制度模式选择，是对马克思主义合作制与股份制理论的继承与发展。以股份合作制畅通城乡要素流动，核心是生产的高效化、经营的市场化、城乡融合发展的一体化。股份合作制作为农业经营制度的重大创新，为实现这一目标提供了有效载体。

创新一：股份合作制是提升家庭承包经营的重要形式。在我国的农业生产经营体系中，家庭承包经营的主体地位明确而又巩固，对乡村发展和农村稳定发挥着不可替代的"基石"作用。但同时也要看到，经过 40 多年的发展和演进，家庭经营的政策红利在市场化信息化条件下释放空间受到了很大限制，给深化农村经营体制改革带来了"两难"选择。一方面，家庭经营的政策"基石"30 年内不能动摇；一方面，市场化改革的基本取向不可逆转。如何把家庭经营与市场化需求有机结合起来，是农村改革的核心与关键。从河北的实践来看，股份合作制，是在家庭承包经营基础上的完善与提升，为解决这"两难"问题提供了现实选择。"合作"体现了坚持与继承，在不打破家庭经营在农业生产中的主体地位，不割断农民与土地紧密的利益联系中发展适度规模化经营，有利于保护和调动农民的积极性；"股份"体现了完善与创新，通过组织再造和机制创新，把农民纳入现代生产体系之中，实现了农户分散生产向联合与合作、适度规模化经营的转变。

创新二：股份合作制是吸纳城乡要素的载体。发展现代农业，必须有一大批具有一定经营规模水平、能够吸纳先进生产要素的新型经营主体。目前，我国农业的组织形式主要还是自然人农业，传统的小农户受限于土地规模和人力素质，生产以兼业化为主，市场化水平不高，带有相当程度自然经济色彩，难以承接和吸纳现代生产要素，难以面对大市场进行规模化、专业化、组织化生产。推进自然人农业向法人农业转变，培育新型生产经营主体有多种途径，在家庭经营这一基本形式的基础上，通过股份合作制的方式，形成以为数众多的合作社和家庭农场为基础，以大型龙头企业和农业公司为骨干，各类新型农业经营主体竞相发展、协同发展的法人农业和市场农业体系，无疑是我们推进农业农村现代化的重要方向。从河北的实践来看，股份合作制在培育和发展新型经营主体方面发挥着重要而独特的作用。股份合作制，通过合作的展开，可以在传统小农户的基础上催生出家庭农场、农民合作社等新型经营主体；通过股份制的构建，可以培育形成农业公司、农业产业化联合体、农业社会化服务组织等现代经营组织，将先进生产要素注入农业生产，畅通了城乡要素流动，将现代管理引入农业经营，有力地推进自然人农业向法人农业和市场农业转变。

创新三：股份合作制是畅通城乡要素流动的重要举措。城乡融合发展，从产业发展的角度来看，关键是要形成城乡之间要素互流、产业互动、动力互促、发展互助的新格局。从目前来看，这一格局的出现和形成还存在着很大的障碍，突出表现为：由于缺少有效的渠道与平台，要素难以对接，项目难以落地，稳定合作、互利共赢的机制难以建立和发展。面对农村千家万户的经营主体和极度分散的资源资产，城市资本和工商企业渴望进军乡村，但往往是"望农兴叹"，进不去，也干不好；乡村盼望与城市资本和工商企业合作，但往往是高攀不上，缺乏组织平台和合作机制。股份合作制以合作组织为中介，将分散的农户与工商企业予以对接，以股份量化为机制，将农户分散、差异的资产经营权和使用权变为无差别的股权，与工商资本进行"耦合"，为城乡之间要素的充分流动、产业的融合发展，搭建了平台，打开了通道，拓展了空间，必将有力地推进城乡融合发展，加快全面推进乡村振兴的进程。

二、上海市国盛集团乡村振兴股权投资基金

（一）案例介绍

2018 年 8 月，上海市的大型国资运营平台综合体国盛集团在奉贤区吴房村开展试点，深入探索国有资本参与乡村振兴的新模式，组建以长三角乡村振兴为主题的股权投资基金，引领和带动长三角城乡区域经济一体化发展。由国盛集团旗下的盛石资本、浙江思画公司等社会资本，以及镇属集体资金，注册 2000 万元共同成立上海思尔腾科技服务有限公司，负责吴房村一期园区的日常招商、运营工作。思尔腾在吴房村先行先试土地流转、业态导入及日常运营工作。通过平台公司的搭建，使乡村的资源和资本合作，形成资产，获得资金，并立足青村全镇，统筹城乡一体化建设，走出了一条"基金 + 运营"双举措并行助力乡村振兴发展的道路。

上海奉贤区，全区近 31 万亩耕地产值约 40 亿元，占全区总产值仅不到 2%，农业经营性收入仅占农民收入的 11%；集体建设用地亩均税收仅 1.7 万元；宅基地出租、空置或仅居住 60 岁以上老人的，占总比例的 75%，村庄的空心化、老龄化、人口倒挂现象突出。

为了盘活乡村资源，奉贤区开始进行"三块地"改革。针对宅基地空置问题，奉贤主要通过宅基地流转、置换、归并、腾挪等方式，把农村碎片化资源整合起来，探索发展"一庭院一总部"。为了增加招商吸引力，南桥镇六墩村以租赁形式将宅基地使用权流转到村后，由第三方市场化平台改造运营维护，同时对周边绿化、河道进行景观升级。通过宅基地流转，农民也可获得承包地和宅院出租收益，村集体可留存区镇两级税收，预计户均宅基地流转租金每年可达 9 万元左右，增加村级可支配收入 18 万元。

163

针对集体建设用地亩均产出低效问题，奉贤区试验以"一公园一总部""一庄园一总部"的农艺公园模式化解。该模式通过回购农村集体建设用地，按照"田成块、林成网、水成系、宅成景"的要求完善生态系统，进一步吸引企业总部入驻，通过导入优势产业实现升级，提高土地效益、壮大村级集体资产。

针对农用地闲置或低效利用问题，奉贤区着重探索农村土地股份合作制改革，以创新和激活土地承包经营权流转机制为手段，推进土地承包管理的法治化、制度化和规范化，促进农民增收。一是村级入股外租和自营模式，以农民土地承包经营权入股，由村经济合作社牵头并以村为单位组建村级土地股份合作社，或统一对外租赁或发包，取得的收益按农户土地入股份额进行分配；二是由村级土地股份合作社将土地承包经营权作价折股后参与村级农民专业合作社经营，实行保底分红、二次分配。

奉贤区青村镇吴房村是全市首批九个乡村振兴示范村之一。吴房村意识到，要想实现乡村振兴必须要有人才，不仅包括返乡创业的本村人才，也包括全国各地有志于在乡村创新创业的人才。吴房村有一个将近30人的运营团队，平均年龄不超过30岁，其中不乏知名院校毕业或留学回国的专业人才。吴房村紧紧抓住青年创业的需求，营造有利于创业的环境：帮助年轻人降低创业的成本，给予年轻人施展拳脚的空间，为青年产业社区"公园空间"做好公共设施配套。截至2020年5月，吴房村通过统筹运营、整体管理，已注册企业55家，引进"新村民"117人，园区内企业工作人员平均年龄27岁。人才向乡村回流和聚集，技术下乡也就水到渠成了。而青年人才带来的新的发展理念、市场信息、经营思路和先进技术，对于农村和农业的发展都至关重要。

（二）案例点评

2021年，中共中央、国务院《关于全面推进乡村振兴加快农业农村现代化的意见》明确提出，"发挥财政投入引领作用，支持以市场化方式设立国家乡村振兴基金，撬动金融资本、社会力量参与，重点支持乡村产业发展"。2019年2月，中国人民银行、银保监会等五部门联合印发《关于金融服务乡村振兴的指导意见》，指出"鼓励有条件的地区发起设立乡村振兴投资基金，推动农业产业整合和转型升级"。为了更好地扩大农业农村有效投资，汇聚更强大的力量推进乡村振兴，农业农村部、国家乡村振兴局专门发布《社会资本投资农业农村指引（2021年）》，进一步明确乡村振兴基金设立模式。随后出台的《中华人民共和国乡村振兴促进法》则将乡村振兴基金的提法上升到国家法律层面。面对推进乡村振兴过程中出现的财政支农资金不足、投融资渠道单一、资金投入难以形成合力等问题，各地纷纷设立乡村振兴基金，由政府投资平台发起，采取"资金变基金"等方式鼓励和引导各类社会资本与金融资本投入，以较小的杠杆撬动更大的社会资源，搭建多主体参与乡村振兴的发展平台。

据LP智库统计，截至2022年1月，全国范围内累计设立乡村振兴基金169支，资金管理规模达1407.88亿元，覆盖22个省份，其中21个城市的乡村振兴基金规模超10亿元。乡村振兴基金作为新兴的金融支农手段，在各地呈现蓬勃发展之势，具有政策大力支持、发达地区行动快、投资重点项目多、合作机制细等特征。

在运行和操作过程中，乡村振兴基金还存在缺乏统筹和协调、区域发展不均衡、投资主体太单一和考核管理不全面等问题。建议适时成立国家级乡村振兴基金，优化基金投资模式，建立基金考核评价体系，营造优质项目落地环境。

上海市奉贤区在农民"离房不失房、离地不失地""建设用地只减不增、基本农田只增不减"的前提下，通过搭建平台——乡村振兴股权投资基金，招商引资，引进人才、国有资本和社会资本，回购农村集体建设用地，按照"田成块、林成网、水成系、宅成景"的要求完善生态系统，进一步吸引企业总部入驻，通过导入优势产业实现升级，提高土地效益、壮大村级集体资产。针对闲置农用地，探索农村土地股份合作制改革，以创新和激活土地承包经营权流转机制为手段，盘活闲置农户宅基地、低效集体建设用地和承包地，将闲散农村资源资产股权化、证券化，促进农民增收。村企合作，走出了一条"基金＋运营"双举措并行，助力乡村振兴发展的道路。

三、安平国家现代农业产业园特色创建之路

(一) 案例介绍

安平县国家现代农业产业园位于河北省中南部,是 2023 年农业农村部、财政部批准的第五批国家现代农业产业园。产业园以生猪为主导产业,总面积 23 万亩,以安平镇、两洼乡为核心,辐射东黄城镇、南王庄镇等 5 个镇 3 个乡 120 个行政村。按照"政府引导、市场主导、多方参与"的模式,有序推进国家现代农业产业园创建工作,以生猪养殖为抓手,打通上下游产业链,走出了一条生猪产业健康发展,助力国家现代农业产业园创建的特色之路,先后带动园区内合作社 230 家、家庭农场 43 家,吸纳农民就业 2.7 万人,农民人均纯收入 23793 元,比全县平均水平高 38%,养殖业对农民人均纯收入贡献率达 62% 以上。主要做法:

1. 立足资源规划先行。河北省安平县实施农业现代化示范区建设,按照县委、县政府谋划的"一核、两带、三区、多园"的发展总体布局(农业科技创新引领核,北纬 38° 生态农业隆起带、南部种养循环农旅融合发展带,农产品加工示范区、绿色生态种养示范区、特色经济作物种植示范区和多个农业特色产业园),产业园发展定位为"世界一流生猪技术创新集聚区,生猪产业深度融合发展区,持续带动农民增收示范区",形成了"一核引领、三区协调,两带联动、多点支撑"的规划结构,全面打造现代化农业示范强县场景。

河北省安平县地处北纬 38° 生态农业隆起带,是全球最佳农作物的种植区,降雨集中在七八月份的高温时段,水和热同步出现,为旱作雨养农作物提供了基础条件,北纬 38° 有"地球的金项链"之称。依托国家级农业龙头企业京安集团(上市公司)以及 50 多家利益联结合作联盟组织体系,建立起核心区面积 1.8 万亩、覆盖 2 个乡镇 15 个村的现代农业产业园,明确了打造全国绿色循环农业发展领跑区、全国生猪产业联农带农机制创新样板区目标。生猪产业是国计民生的大行业,产业链上游为饲料加工行业,中游是生猪养殖行业,下游是屠宰分割以及肉制品加工行业。通过建设农

产品质量安全可追溯体系信息平台，使生猪产业园不断完善生猪饲养、屠宰加工、销售流通环节的有效监管制度，全面推行生猪养殖档案制度，建立了生猪产品质量安全可追溯体系和长效机制。以生猪养殖为基础，配套建设了饲料厂、屠宰厂、污水厂、沼气厂、无害化处理厂、有机肥厂、生物质热电厂等，构建了种植、饲料、养殖、屠宰、粪污沼气发电、生物质热电联产、有机肥、污水处理八大板块，形成了"畜、沼、粮、热、气、电、肥"的绿色生态循环体系，打造了"农业废弃物一律不剩、化肥使用量一律不增、煤炭能源一律不用"的"安平模式"。

2. 深入拓展招商力度。立足产业园的生猪产业基础和规划重点方向，重点围绕优质生猪，出台招商引资奖励政策，采取多渠道招商引资措施，打造良好的营商环境。产业园拥有国家级龙头企业 1 家，国家生猪核心育种场 2 家，万头以上标准化养殖场 15 家，规模养殖场 64 家，年出栏生猪 60 万头，良种覆盖率 100%，创建北京老字号商标 1 个、中国驰名商标 1 个，京安牌商品猪成为奥运会、全国两会的特供产品。重点推进了瘦肉型猪养殖基地项目、5000 头母猪场改建项目、原种猪场建设项目、健康养殖新建（改建、扩建）场项目等项目，在扩大生猪养殖规模、稳定能繁母猪和生猪存栏、提升生猪养殖装备技术上进行了重点投入建设，进一步提高产业园的生猪产能。

以现代农业产业园建设和运行为推手，促进一二三产融合发展。紧紧围绕养殖污水、粪便、病死动物等废弃物，先后建设完成了日处理 5 万吨的污水处理厂、年发电 1500 万千瓦的沼气发电厂、年处理 10 万头的无害化处理厂、年产 25 万吨的有机肥厂、年发电 2.4 亿千瓦的生物质热电厂等治污工程，逐步实现了中水回用、粪污制沼、秸秆回收、有机肥生产等全县域、全量化工业处理，农业废弃物资源化利用率达到 92%，实现了种植、养殖、能源、环境的协同发展。安平充分发挥区位、交通、政策、品牌优势以及生猪、白山药等产业优势，对接京津雄中高端人群食品需求，建设特色鲜明、优势突出、绿色安全的高端绿色食品深加工产业园区，大力发展中央厨房、预制菜等项目，打造冀中南地区高端农产品精深加工基地。大力探索"油菜+"绿色高质量发展新路径，全县油菜面积 3.8 万亩，是河北省最大的油菜基地县和冬油菜北移种植最大生产基地，建成了以杨屯为核心的省级乡村振兴示范区，连续举办六届油菜花文旅节，建成杨屯田园综合体，并先后获评国家 3A 级旅游景区、河北省乡村旅游重点村、河北省美丽休闲乡村，安平县特色种植产业富民增收成效显著。

3.加强要素支撑保障。加强与科研院校合作交流，引进高等院校和科研院所在产业园内设立实验基地、现场教学基地、毕业生实训基地、新品种新技术实验基地。建立农技推广体系，注重引进和培养农业技术推广服务人员，尤其是懂技术、会管理、善经营的复合型人才，努力增强发展后劲。设立了陈焕春院士工作站，与瑞士合作设立了沼气研发实验室，创建了"裕丰京安"国家级创新平台，成立了河北省生猪产业技术研究院。拥有国家专利 6 项，有 8 项科研成果在全国推广，其中畜禽粪便处理利用关键技术研发与应用，荣获农业部科技一等奖；低温制沼技术，解决了北方地区持续产生沼气的难题。安平县与王汉中院士合作建立"天来农业院士工作站"，选育出耐旱抗寒型衡油 6 号、衡油 8 号，构建"油菜+谷子"旱作高效种植模式，辐射带动 7 个村庄，亩均增收可达 1700 ～ 2300 元。

创新支持方式，引导多元资金投入。引导金融机构、企业、社会团体和个人对产业园发展的投入，努力形成财政投入为引导、企业投入为主体、农民投入为补充的产业投入新格局。加强财政项目资金整合，加大支持力度。最大程度地发挥各类支农资源要素的聚合效应，提高项目建设标准和资金使用效益，形成了资金跟着项目走，项目跟着规划走的良性循环。

（二）案例点评

安平县坚持以农业高质量发展引领乡村振兴，以发展现代都市型农业和特色高效农业为着力点，大力发展规模农业、科技农业、绿色农业、品牌农业和质量农业，着力提高规模化、集约化、品牌化和产业化水平。以农业产业化为抓手，全力打造农业强县安平场景。推进国字号工程建设，发展绿色循环产业体系，以食品深加工产业园为平台，积极建设农业项目，优化农业种植结构，发展壮大特色优势产业。加快农业经营主体培育，不断增强农村发展活力。历经多年发展，安平县以生猪产业为核心的现代农业产业园已初具规模，拥有较强的生命力和带动力。科技研发与应用水平全国领先，扩大生猪养殖规模，生猪产业发展水平全国领先；全产业链发展模式全国领先，农业绿色发展成效显著，促农增收作用显著。安平县国家现代农业产业园创造出：饲用玉米—饲料加工—生猪养殖—屠宰加工—粪污发电—有机肥生产的全产业链条，是国内最健全、最具可持续性、最具生态和经济效益的全产业链。

2017年，安平县在全国畜禽养殖废弃物资源化利用工作会上做了典型发言，受到了中央领导的好评。

本章小结

本章总结了破解资源、资产、资金、资本要素制约的模式，在破解资源制约上选取了四川省成都市郫都区探索"共享田园"，河北省行唐县金丰公社开展土地托管，河北省张北县构建现代数字能源产业体系的案例；在破解资产制约上选取了贵州实行"三变"农村改革，河北省保定市农业创新驿站，江苏省淮安两家国企平台资产重组提升信用评级的案例；在破解资金制约上选取了福建省三明市开展林业"四资"运作，河北省隆化县以"政银企户保"破解融资难，河北省承德塞罕坝林场"碳汇"交易的案例；在破解资本制约上选取了河北省以股份合作制破解要素制约瓶颈，上海市国盛集团乡村振兴股权投资基金，安平国家现代农业产业园特色创建之路的案例。这12个案例在推进"资源要素嬗变"中，各有所侧重，整合资源资产资金，实施资本化运作，建立联农带农利益联结机制，坚持"政府配置财政资金、市场配置社会资本"，资金跟着项目走，项目跟着规划走，遵循了资源转变资产、资产转变资金、资金转变资本、农民转变股东的嬗变规律，把闲置和低效的农村资源、资金有效利用起来，实现资源资产价值化、资本化，增值变现退出，再进入下一个循环，每一个环节的转变都是一次生态价值的增值，构成了一个创造价值的生态链，创造财富，实现农民增收。每一个案例进行了点评，提供了实操性。

第七章　畅通县域城乡要素流动的绩效研究

　　畅通县域城乡要素流动，完善要素市场化配置，是建设统一开放、竞争有序市场体系的内在要求，是坚持和完善社会主义基本经济制度、加快完善社会主义市场经济体制的重要内容。解决城乡资源配置不均衡问题，提高资源要素的配置效率，需要进行绩效评估，为进一步激发全社会创造活力和市场活力，促进城乡要素的合理配置和流动，缩小城乡差距，实现城乡经济社会的融合发展提供制度环境。

　　实施乡村振兴战略，是新时代做好"三农"工作的总抓手，抓好乡村振兴创建评估就牵住了乡村振兴的"牛鼻子"。全方位掌握乡村振兴的落实进展情况，扎实推进乡村振兴创建评估也是落实国家战略和国家制度的客观需要。这对于实现党的二十大提出的"畅通城乡要素流动，加快建设农业强国"至关重要。

　　《中华人民共和国乡村振兴促进法》第六十九条明确，"县级以上地方人民政府应当对本行政区域内乡村振兴战略实施情况进行评估"，为建立乡村振兴创建评估体系提供了法律依据。2022 年 11 月，中共中央办公厅、国务院办公厅印发《乡村振兴责任制实施办法》，为建立乡村振兴责任制、考核制、奖惩制提供了方法。农业农村部和国家乡村振兴局印发的《关于开展 2022 年"百县千乡万村"乡村振兴示范创建的通知》，明确了东中西部县、乡镇、村的创建标准、数量、时限，工作要求以及创建方案等，为适应新质生产力发展的要求，要建立客观反映乡村振兴进展的指标体系、政策体系、标准体系、绩效体系、统计体系以及政绩考核体系，将要素市场指标纳入其中，为有序开展创建成效监测评估提供了可遵循的标准。

第一节 畅通县域城乡要素流动的绩效评价体系

一、树立科学的评估价值导向

评估价值作为评估的灵魂，是"一面旗帜"，具有重要的导向功能。从脱贫攻坚"两不愁三保障"到"全面推进乡村振兴、加快农业农村现代化"的阶段性进展，这一思维转变使得乡村振兴评估体系的构建需要从理念定位层面进行升华，以科学的定位和崭新的理念来契合乡村振兴的总方针、总目标，从而正确发挥评估工作对推进乡村振兴的导向作用。一方面，要树立"以人民为中心"的价值理念，将人民群众的共同富裕作为乡村振兴评估工作的出发点和落脚点。现阶段，物质文明的显著增长使得农村群众对生活的"美好"意蕴不再停留在"物"的层面，而是在此基础上衍生出对主体价值、精神文明等方面的新需求。因此，乡村振兴评估体系的价值理念要与后脱贫时代农民群体日益增长的对美好生活的需求与向往相契合，强调通过提升农村群众的获得感、幸福感和安全感，向着共同富裕的目标来实现农业农村现代化。另一方面，要明确"以评估促发展"的功能定位，坚持问题导向和目标导向相结合。在全面推进乡村振兴战略的过程中，通过信息论、系统论、控制论，要实现"管制导向"向"问题导向"的转变，对评估过程中暴露的问题进行深度挖掘，进而在问题整改的基础上优化目标进程、落实目标任务。

二、构建合理的评估内容标准

评估的内容标准是"一杆秤"，既要做到纲举目张，又要做到公平公正。乡村振兴聚焦于乡村发展、乡村建设和乡村治理，并在目标维度上呈现出"由点到面"的递进关系。因此，乡村振兴的广度和深度决定了其评估内容在设定上既要系统全面又要有的放矢。在评估对象的采纳上要划分区域和层级，面对不同区域资源禀赋的县（市、区）、乡镇、村庄，评价指标的设计要因地制宜，以科学精准的衡量"标尺"来引导制定本土化的乡村规划路径和工作方案。

在指标设计上一是坚持顶层设计与基层探索相结合。既要通过东中西区域性宏观标准数据来考察整体发展水平，也要实时监测《工作方案》中每个县（市、区）、乡镇、村和户的发展动态，保证乡村振兴评估内容具有综合性和靶向性。国家确立的乡村振兴示范县标准是解决要干什么，结合到县（市、区）、乡镇、村庄实际情况，要在《工作方案》中明确怎么干（具体指标），谁来干（责任单位和责任人），何时干成（完成的年度时间）。

二是在指标的设计上要兼具定量和定性相结合。乡村振兴的评价指标可以根据不同的发展阶段进行划分，与乡村振兴的实时推进状态同频共振，以不断更新细化的具体指标来保证乡村振兴的梯次有序推进。

三是评价指标要体现领导与群众相结合。不仅要听取上级机关的评价意见，也要听取农民群众的评价意见，因为群众的眼睛是雪亮的。

为了帮助全国一百个县有序开展创建成效监测评估，中宣部下属城乡统筹发展研究中心研发了"乡村振兴示范县乡村监测评估体系"及其网络平台。为体现差异性、针对性、实效性和共享性，围绕评估谁、谁来评、评什么、怎么评、如何用，制定了一个体系、四类指标，结合元宇宙创建了六个闭环的监测评估网络平台。

三、采用综合评估的方法手段

评估方式是具体方法及技术手段的综合运用，要坚持于法周延和于事简便。乡村振兴目标任务的多样化以及评估内容的全面性，决定了其评估工作的运行方式应具有多元化、科学化和规范化的特点。

一是运用不同性质的评估手段来提高评估结果的科学性和公信力。在评估实践中要综合运用自上而下的国家评估、各级政府部门的内部考评和第三方评估，尤其是要充分发挥第三方评估对体制内评估的弥补作用，凭借其公共身份和专业优势来增强评估的公正力度和专业化水平。

二是采取科学有效的评估工具来应对复杂多变的现实需求。面对庞大而复杂的乡村振兴战略部署，评估过程中不仅要结合定量分析和定性研究来发挥综合评估效应，还可以借助现代信息技术来构建数字化智能评估系统，提升评估的效能。城乡统筹发展研究中心研发的"乡村振兴示范县乡村监测评估体系"及其网络平台，通过数字化跟踪、精准化监测、网格化预警、数字化赋能、智能化评估，做到快捷准确、客观公正，为县级党委和政府提供科学决策依据。

三是制定有序合理的评估流程来保证动态评估的良好运行。对评估流程中各环节步骤进行规范时要实现原则性和灵活性的统一，既要清晰界定各评估步骤、衔接和相互关系等问题来确保评估过程的流畅性，又要强调信息的交流与反馈来提升评估程序的灵敏度。在实际操作中，监测评估的过程，也就是调查研究的过程。

第一，着眼决策搞评估。（1）学习弄通指标。乡村振兴监测评估指标体系涵盖了乡村政治经济社会文化生态的方方面面，每一个指标，国家都有明确的规定，东中西部的个性指标重点要求也不一样，一定要认真研读，弄懂弄通。评估组要指导县（市、区）明确具体指标的思路和措施，落实责任和时限。提交工作报告后，要对指标完成情况逐条核实，带着问题去调研。

（2）细致开展调查。一方面，要善于从落实监测评估指标体系的创建中发现问题，深入基层"耳闻"，沉到一线"目睹"，走进现场"心领"，投身实际"神会"，以此来获取宝贵的第一手资料。另一方面，主动向各类群体访谈，包括县级领导干部、县直部门和乡镇干部、村干部和驻村工作队员、人大代表和政协委员、金融企业和群众代表以及新闻媒体等等，要征求省直主管部门的意见，善于听取不同群体的声音，广泛开展调研，这样才能掌握真实情况。

（3）系统分析问题。努力当好信息员，既要了解宏观情况，也要了解具体情况；既要了解政策性、经济性问题，也要了解行业性、技术性问题；既要了解普遍性问题，也要了解特殊性问题。努力做好研究员，掌握评价标准和权重，核实数据的真实性，力争成为看得懂、会分析、能判断的行家里手，评估组集体研究进行打分，做到客观公正、实事求是。

第二，聚焦问题谋举措。（1）把握评估重点。包括：a.值得推广的亮点。要关注乡村振兴创建中有推广价值的典型案例、成功经验和发展成效，做好总结提炼，基本要求是按照基本情况、主要做法、取得成效三部分来写，做到可操作、可复制、可推广，以点带面促进工作。b.决策落实的难点。应及时真实地反映县乡村各级干部在执行决策部署过程中遇到的问题，及时发现政策的卡点、执行中的堵点、干部群众的痛点、社会各界反映的热点。c.工作中尚未暴露的盲点。主要是指尚未被人们了解发现但又可能影响乡村发展、乡村建设和乡村治理的苗头性、倾向性问题。

（2）提炼规律问题。监测评估务求发现问题、分析问题、解决问题。监测评估人员必须对调查材料去粗取精、去伪存真、由此及彼、由表及里开展综合分析，找到问题存在的普遍性、发现事情发生的必然性，要防止数字造假现象。

（3）提出对策建议。监测评估报告的重点集中体现在对策建议部分，要在做什么、怎么做上提出具体明确、切实可行的报告，其对策建议的归宿是进决策、进报告、进文件、进实践，要确实发挥好决策服务作用。

第三，谋篇布局写报告。大标题要统一，小标题要观点鲜明、逻辑严谨、提纲挈领、层次清晰。报告框架要结构合理、浑然一体，可围绕"是什么、为什么、怎么办"层层推进。

第一部分，介绍基本背景。概述监测评估的过程，依据指标完成情况，做出档次评价。根据评估结果，进行综合描述。如，某县党政领导班子，以习近平总书记的"三农"思想为指导，在省市党委政府的坚强领导下，带领全县人民，把乡村振兴的责任扛在了肩上、把政策记在了心上、把工作抓在了手上、把成效写在了群众的笑脸上，一年来回望该县示范县创建的历程，是党"三农"工作重心转移的必然，是各级各部门合力推动的力作，是乡村振兴发展条件成熟的产物。

第二部分，介绍发展状况，总结亮点。如，纵观某县示范县创建的发展历程，呈现出起步稳、重点突出、成效显著三个明显的阶段特征，总结归纳分析亮点3～5个。

第三部分，剖析问题、亮明观点。如，透析某县示范县创建的窘状，项目发展是根本、制度障碍成困扰、民生问题需重视。提出问题 3 ～ 5 个，进行横向、纵向图表分析、指标差距分析。

第四部分，针对问题，提出整改建议。解决某县乡村振兴示范县创建问题，必须果敢决策明方向、各方联动聚合力、制度再造固根本。

四、科学运用评估的考核结果

评估考核结果是"一面镜子"，也是评估工作存续的价值与意义所在。评估的目的在于"以评促改"，推动工作，而不是"流于形式""为了评估而评估"，将评估结果及时转化为经验总结并用于实践，才能充分发挥评估在乡村振兴中促改进、促建设、促发展、促治理的实际效果。实现评估结果的科学转化，可以将评估结果纳入地方领导或政府部门绩效考核体系之中，并构建激励约束相结合的评估结果运用机制，以正向激励发挥示范效应，以行政问责提升责任意识，将评估考核结果作为干部选拔任用、评先奖优、问责追责的重要参考。

此外，保证评估结果运用的科学性要提高其公开透明度。要在保障评估对象知情权的同时回应社会关切问题，从而在参与群众的评议、质询和反馈中不断提升评估结果的实效性，以结果公开促进评估考核结果在乡村振兴中发挥其积极效用。

与此同时，科学运用评估结果要注重信息的沟通反馈。通过有效的沟通使得评估主体和评估客体就评估结果达成共识，以便及时明确评估结果，从而进行问题的整改。比如在整改建议中，要明确一账（建立问题整改台账：改什么，怎么改，谁来改，何时改）、一书（领导小组下发整改督办通知）、一表（有问题的单位上报整改进度表）、一挂钩（整改与奖惩），奖优罚劣，对政绩突出的单位和干部进行奖励，对政绩较差的单位和干部进行问责。

五、建立健全评估的保障机制

保障机制是支撑评估工作的制度体系。在加快建设农业强国的进程中，乡村振兴创建评估体系是一个多维动态的复杂系统。要牵住乡村振兴评估的牛鼻子，离不开健全的机制保障来提供制度支撑。

首先，要建立健全法律规范机制，通过制定规范化的权责清单和行动准则来确定各评估主体在评估体系中的职责权限、角色地位和功能作用，以防评估操作过程中出现权力寻租、相互推诿的现象，使乡村振兴创建评估体系的运作规范化、制度化、法治化。

其次，要形成多元评估的协同机制，通过多元化的评估主体网络来发挥不同评估主体在乡村振兴各领域的特殊作用，让掌握专业评估技能和农业农村发展知识的专业化人才参与到乡村振兴创建的评估之中，提升评估结果运用与现实发展需求的匹配程度。

最后，要完善评估过程的监督机制，将单一的对人监督转化为对人、对事、对权力的复合型监督方式，以大监督格局对乡村振兴创建评估体系的各个内部子系统、运行秩序以及相互关系进行全面把控，防止失范行为和工作失误的发生。

总之，随着乡村振兴战略的纵深推进，在加快建设农业强国的进程中，要牵住乡村振兴创建评估的牛鼻子，还应当积极借鉴国外乡村振兴发展及其评估工作的成功经验，通过博采众长，进一步优化和完善我国乡村振兴创建的评估体系，有利于加快全面推进乡村振兴发展的步伐。

第二节　关于绩效考核评估指标的设计

依据农业农村部和国家乡村振兴局《关于开展2022年"百县千乡万村"乡村振兴示范创建的通知》农规发〔2022〕23号文件，为了体现差异性、针对性、实效性和共享性，围绕评估谁、谁来评、评什么、怎么评、如何用，我们制定了一个体系、四类指标，实行百分制考核评估。即个性指标占 60%、共性指标占 30%、领导群众认可度指标占 10%、加减分（加分 10 分、减分 20 分）。要确保县乡村三级指标的关联性和佐证性相统一，根据国家和省级统计体系要求，结合当地实际具体落地。可用公式表示为：

总得分 =∑（个性指标 *60%）+∑（共性指标 *30%）+ ∑（认可度指标 *10%）+ 加分项（县级获得的中央表彰、乡村获得省部级以上表彰加 10 分）－减分项（虚报瞒报减 20 分）

定量类指标计算：实际值与设定的目标值比较，不同的目标达成率设置有不同的考核分数。评价结果：得分 = 完成值 / 目标值 * 权重。

超额完成目标值，给予加分，加分分数为 1/2 超额完成率乘以权重。设置封顶线为 140%，最高加分为权重的 20%，高出封顶线部分不再加分。完成目标值得满分（即权重）。完成目标值在 80% ～ 99.99% 之间的给予部分得分。完成目标值低于 80% 的不得分。

定性类指标计算：对于定性指标，不能通过具体的计算公式去衡量，则可设定相关标准进行定性评估，标准包括某事项执行的完整性、及时性和准确性等。评价结果：得分 =（第三方评分 + 上级领导小组成员单位评分）/2，高质量完成、完成、基本完成、未完成，分别赋分 100、85、70、0，再乘以权重。

加减分项计算：根据显著成绩加分和存在问题减分的计算标准，对每项分别计分，然后汇总分数。加减分的最高限分别为 +10 分和－20 分。

表 7.1　省内县乡村各级别情况表

总体评估	高质量完成	完成	基本完成	未完成
总得分	> 100	90 ～ 99	80 ～ 89	< 80
对应表现	实绩突出	实绩比较突出	实绩一般	实绩较差

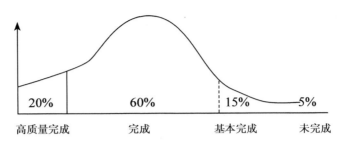

图 7.1　省内县乡村排名正态分布图

一、个性指标的设计

根据区域经济发展及行政级别，设置针对东部、中部、西部的县域、乡镇、行政村不同的评测跟踪方式。

指标数量：按照乡村发展、乡村建设和乡村治理 3 个大类的内容，细化设置县级 10 个、乡镇 9 个、村级 9 个指标，充分发挥考核评估"指挥棒"的作用。

指标大类：针对东中西发展不均衡，设置不同权重。

表 7.2　指标大类表

序号	指标大类	东部	中部	西部
（一）	乡村发展	30%	30%	40%
（二）	乡村建设	30%	40%	30%
（三）	乡村治理	40%	30%	30%

指标明细项：针对每类指标，对考核内容细化，并且指标权重根据侧重点不同，设置不同的权重。

权重：占总体权重 60%。

（一）东部地区指标参考：在巩固提升乡村产业发展基础的同时，聚焦提高全面推进乡村振兴质量，着力提升智力和农村精神文明建设水平。

1. 示范县指标项目：

（1）乡村发展 30 分

A. 持续推动乡村产业基础高级化、产业链现代化 10 分

B. 培育高素质乡村人才队伍 10 分

C. 推进农村生态产品价值转化 10 分

（2）乡村建设 30 分

D. 健全城乡基础设施统一规划、统一建设、统一管护机制 15 分

E. 率先基本具备现代生活条件 15 分

（3）乡村治理 40 分

F. 重点要健全乡村治理体系 5 分

G. 完善县乡村一体、网格化管理服务，构建共建共治共享的乡村治理格局 5 分

H. 提升乡村治理体系和治理能力现代化水平 10 分

I. 创新农村精神文明建设有效平台载体 10 分

J. 增加高品质公共文化产品供给 10 分

2. 示范乡镇指标项目：

（1）乡村发展 30 分

A. 推进专业化中小微企业集聚 10 分

B. 提升产镇融合发展水平 10 分

C. 优化乡村人才服务保障条件 10 分

（2）乡村建设 30 分

D. 全域推进农村生态保护 5 分

E. 整体提升乡村基础设施条件 10 分

（3）乡村治理 40 分

F. 重点要扩权强镇带村 10 分

G. 强化乡镇公共服务功能 15 分

H. 提高综合型文化服务水平 10 分

I. 加快建成乡村治理中心、农村服务中心、乡村经济中心 20 分

3. 示范村指标项目：

（1）乡村发展 30 分

A. 有序推进产村融合 15 分

B. 实现产业强村 15 分

（2）乡村建设 30 分

C. 健全公共设施建设管护机制 5 分

D. 加强农村厕所粪污、生活污水治理、生活垃圾资源化利用 15 分

E. 推进生产生活方式绿色转型 10 分

（3）乡村治理 40 分

F. 重点要建设乡村善治单元，促进自治法治德治有机结合 5 分

G. 创新乡村治理方式，应用数字化技术提升乡村治理效能，推进农村基层管理服务精准化 20 分

H. 传承弘扬乡村优秀传统文化 5 分

I. 繁荣兴盛文明乡风 10 分

（二）中部地区指标参考：在持续推进乡村产业发展的同时，聚焦加快全面推进乡村振兴进程，着力改善农村基础设施和公共服务条件。

1. 示范县指标项目：

（1）乡村发展 30 分

A. 着力拓展农业多功能、开发乡村多元价值 5 分

B. 发展壮大县域富民产业 5 分

C. 推动农村一二三产业融合发展 10 分

D. 协同推进高水平生态保护和农业高质量发展 10 分

（2）乡村建设 40 分

E. 重点要优化升级村庄道路、供水保障、清洁能源、物流体系、通信网络等设施，促进农村基础设施提档升级 20 分

F. 强化县乡村科教文体档等基本公共服务统筹 5 分

G. 持续提升农村人居环境质量 15 分

（3）乡村治理 30 分

H. 完善人才服务乡村激励机制 10 分

I. 健全现代乡村治理体系，稳步提高乡村公共管理水平 15 分

J. 继承创新优秀乡土文化 5 分

2. 示范乡镇指标项目：

（1）乡村发展 30 分

A. 以乡镇所在地为中心推进产业集聚 10 分

B. 支持农产品加工、流通企业向乡镇集中 10 分

C. 引导和支持返乡回乡人员创新创业 10 分

（2）乡村建设 40 分

D. 重点要镇村联动建设，推动市政公用设施向中心镇延伸 5 分

E. 持续改善农村人居环境，加快建设生活污水、生活垃圾集中处理设施 20 分

F. 改造提升乡镇商贸中心功能 5 分

G. 增加区域性医疗、养老、文化等公共服务供给 10 分

（3）乡村治理 30 分

H. 强化乡镇政府公共服务职能 10 分

I. 提升平安乡村、法治乡村建设水平 20 分

3. 示范村指标项目：

（1）乡村发展 30 分

A. 培育新型农业经营主体 15 分

B. 建设优质绿色安全农产品生产基地 15 分

（2）乡村建设 40 分

C. 重点要统筹生产生活生态空间 5 分

D. 加快推动道路、供水、供气等基础设施往村覆盖、往户延伸 10 分

E. 基本普及农村卫生厕所 10 分

F. 明显提升农村生活垃圾污水治理率，基本实现农村生活垃圾无害化处理 10 分

G. 建立长效管护机制 5 分

（3）乡村治理 30 分

H. 加强以党组织为领导的农村基层组织建设 20 分

I. 丰富农民精神文化生活 10 分

（三）西部地区指标参考：大力发展乡村特色产业，聚焦夯实全面推进

乡村振兴基础，增强地区经济活力和发展后劲。

1. 示范县指标项目：

（1）乡村发展 40 分

A. 重点是培育"一县一业"主导产业 15 分

B. 推进农业生产品种培优、品质提升、品牌打造和标准化生产 10 分

C. 引导资金、技术、人才等要素向农业产业园区集聚 10 分

D. 健全科技人才服务机制 5 分

（2）乡村建设 30 分

E. 统筹山水林田湖草沙系统治理 5 分

F. 稳步提升农村基础设施建设水平 10 分

G. 不断改善农村人居环境 5 分

H. 逐步实现县域教育、医疗、养老等基本公共服务便利可及 10 分

（3）乡村治理 30 分

I. 推广清单制、积分制等治理方式 15 分

J. 持续推进农村移风易俗 15 分

2. 示范乡镇指标项目：

（1）乡村发展 40 分

A. 重点是发展"一乡一特"乡村产业 20 分

B. 引进培育带动能力强的龙头企业，布局加工产能 10 分

C. 建设标准化生产基地 5 分

D. 推进产业集聚发展 5 分

（2）乡村建设 30 分

E. 保护修复乡村生态 10 分

F. 逐步配套农村基础设施 10 分

G. 发挥乡镇服务带动作用 10 分

（3）乡村治理 30 分

H. 增强乡镇统筹协调能力 15 分

I. 大力培养高素质农民 15 分

3.示范村指标项目：

（1）乡村发展40分

A.重点是建设"一村一品"特色产业20分

B.打造一批小而精、特而美的特色产品5分

C.推行绿色化标准化生产5分

D.依托新型农业经营主体带动小农户持续增收10分

（2）乡村建设30分

E.稳步推进乡村建设行动，因地制宜推进农村改厕、生活污水治理和生活垃圾处理20分

F.加强民族地区、边疆地区、脱贫地区传统村落保护，持续改善村容村貌5分

G.完善村级综合服务设施，提供一门式办理、一站式服务5分

（3）乡村治理30分

H.加强村规民约建设，提振农民群众精气神15分

I.提高农民科技文化素质和就业技能15分

二、共性指标的设计

指标数量：共性指标适用于三个区域，分为5大类（组织领导、政策支持、改革赋能、社会动员、宣传推广）12个指标。

权重：占总体权重30%。

表 7.3　构建县级共性指标明细表

指标分类	序号	指标名称	说明	权重
（一）组织领导	1	工作机制	创建工作推进机制	10
	2	领导小组	成立由主要负责人任组长的示范创建领导小组	10

续表

指标分类	序号	指标名称	说明	权重
（二） 政策支持	3	项目补助	现有的农业农村领域相关项目和补助资金向乡村振兴示范县、示范乡镇、示范村倾斜	5
	4	财政资金	地方财政资金加大对示范创建的支持	8
	5	社会资金	引导金融和社会资本参与乡村振兴示范创建	7
（三） 改革赋能	6	土地改革	深化农村土地制度改革健全	8
	7	农村产权	健全完善农村产权交易平台	5
（三） 改革赋能	8	金融保险	积极创新金融产品和服务，加大农业保险力度	7
（四） 社会动员	9	企业合作	推动企业、社会组织和示范创建单位开展合作	10
	10	科研合作	鼓励教学科研、规划设计等单位与示范创建单位建立紧密联系，开展实践教学、跟踪调查、规划师下乡等活动	10
（五） 宣传推广	11	案例汇报	提炼形成典型案例，定期报农业农村部、国家乡村振兴局	10
	12	推广宣传	综合运用传统媒体和新媒体，开展模式发布、范例交流、现场观摩等活动	10

乡镇和村级共性指标，可参照五个方面简化制定。

三、领导群众认可度指标的设计

上级评价：提供上级评价的表格或在线问卷填写，由上级单位对个性和共性的指标进行打分。由上级领导小组成员对指标进行评估，上级主管领导和部门各占 50%，占总体权重的 5%。

群众评价：由随机的群众对设定项目进行评价，通过微信小程序，以选择题的方式进行答案的提交，并可上传语音信息。设计相应的公众号、小程序，由辖区群众对相应的指标进行评价，占总体权重的 5%。

评分项不进行直接打分，提供选择项目：高质量完成、完成、基本完成、未完成，分别赋分 100、85、70、0，再乘以权重。

权重：占总体权重 10%。

表 7.4　构建县级领导群众认可度指标表

序号	指标	权重	认可度评价	备注
1	乡村发展	15	高质量完成○ 完成○ 基本完成○ 未完成○	中部
2	乡村建设	20	高质量完成○ 完成○ 基本完成○ 未完成○	中部
3	乡村治理	15	高质量完成○ 完成○ 基本完成○ 未完成○	中部
4	组织领导	10	高质量完成○ 完成○ 基本完成○ 未完成○	
5	政策支持	10	高质量完成○ 完成○ 基本完成○ 未完成○	
6	改革赋能	10	高质量完成○ 完成○ 基本完成○ 未完成○	
7	社会动员	10	高质量完成○ 完成○ 基本完成○ 未完成○	
8	宣传推广	10	高质量完成○ 完成○ 基本完成○ 未完成○	

说明：本表以中部县为例。

监测评估体系：乡镇、村级领导群众认可度指标简化。

四、加减分项指标的设计

按照"中央统筹、省级负责、市县抓落实"的要求，县级获得的中央表彰、乡村获得省部级以上表彰加分，加分最高不超过 10 分；对存在弄虚作假、欺上瞒下、官僚主义、形式主义等问题减分，减分最高不超过 20 分。

第三节　畅通县域城乡要素流动的绩效案例分析

2023 年 5 月，经财政部、国家乡村振兴局等 6 部门综合评价，河北省 2022 年度衔接推进乡村振兴补助资金绩效评价考核总体和 5 项分任务均为"A（优秀）"等次，获得中央奖励资金 1.3 亿元。至此，河北省已连续 5 年在该项考核中获得"A（优秀）"等次，累计获得中央奖励资金7.8亿元。

河北省始终坚持把加强衔接资金保障、突出项目管理和资金使用效益作为巩固拓展脱贫攻坚成果和衔接推进乡村振兴的有效手段，加大县域项目实施推进力度，加快资金支出进度，确保资金早投入、项目早落地、群众早受益。同时，建立省市县三级资金项目监测平台，持续加强资金项目过程监管，突出绩效导向，切实发挥资金使用效益。强化监督和绩效评价，保障资金管理使用的安全性、规范性和有效性，成效明显。

一、注重完善制度政策，织密资金管理体系

河北省乡村振兴局会同有关部门及时制定出台加强衔接资金使用管理实施意见、严格资金资产使用管理十条措施等政策文件，明确衔接资金重点支持方向和负面清单，指导各地科学使用管理衔接资金。建立全流程责任清单，明确各级财政及行业主管部门资金分配使用、项目建设管理、资产运营管护监管责任，压实县级政府主体责任，构建分工明确、监管到位、权责统一的责任体系。加强调研指导和督导调度，组织业务骨干和第三方专业人员每年对市县进行资金绩效评价。充分发挥财政、行业主管部门、纪检监察、审计和社会监督作用，常态化、多元化监管各地资金使用管理情况。

二、注重加强日常管理，提升资金管理水平

2022年，下达市县中央衔接资金42.06亿元，比2021年增长6.4%；下达省级衔接资金70.36亿元，与2021年持平。坚持把加强巩固拓展脱贫攻坚成果和乡村振兴项目库建设管理作为抓好衔接资金使用管理的重要抓手，出台《河北省巩固拓展脱贫攻坚成果和乡村振兴项目库建设指南》，细化了入库程序，梳理了重点支持方向和负面清单，明确了规模化项目内容标准、入库流程、风险管理等。截至2023年，河北已获得中央衔接资金50.4亿元，比2022年增长17.4%。全省2023年入库项目1.41万个，总投资规模344.84亿元，比2022年入库项目总投资规模增长31.93%。

三、注重突出绩效管理，提升资金使用效益

指导市县围绕依靠发展来巩固拓展脱贫攻坚成果，将发展联农带农产业作为衔接资金使用的主要方向，逐年提高衔接资金用于产业的比例。2022年全省中央衔接资金用于产业比例达到77%，有效带动群众增收。2022年，下达省级衔接资金6.8亿元，支持19个县（市、区）开展巩固拓展脱贫攻坚成果同乡村振兴有效衔接示范区建设。通过建设衔接示范区，打造示范样板，促进农村产业结构调整和经济发展，延长产业链条，推动一二三产业融合，实现规模效益和集群效益。严格落实"花钱必问效，无效必问责"的要求，建立全过程绩效管理链条，聚焦关键环节，建立事前设定绩效目标、事中跟踪监督和事后评价制度，未明确绩效目标的项目不得安排预算，进一步加强项目绩效监督管理，提高资金配置效率和使用效益。

本章小结

本章强调要全面推进乡村振兴，必须牵住乡村振兴创建评估的牛鼻子。以畅通县域城乡要素流动的绩效评价内容作为乡村振兴绩效评价体系的重要组成部分，乡村振兴的规模和全国各地的异质性决定了我国的乡村振兴不可能有一个统一模式，需要处理好"一"和"多"的关系，所谓"一"就是党的集中统一领导和顶层设计，在指标体系上，中央要提出干什么；所谓"多"就是充分尊重农民的首创精神和村庄发展模式的多样性，地方要解决怎么干、谁来干、何时干成。重点提出了要通过树立科学的评估价值导向、构建合理的评估内容标准、采用综合评估的方法手段、科学运用评估的考核结果、建立健全评估的保障机制，设计了我国东中西部地区县、乡镇、村级的考核评估指标体系。2023年5月，财政部、国家乡村振兴局等6部门综合评价，河北省2022年度衔接推进乡村振兴补助资金绩效评价考核总体和5项分任务均为"A（优秀）"等次，获得中央奖励资金1.3亿元。对此案例进行了绩效分析。

第八章　畅通县域城乡要素流动的
对策建议

利益获取与分配交易是县域城乡要素流动的根本原因，建立促进资源要素自主有序流动的机制，要充分利用国内国外两个市场、两种资源，为乡村振兴提供核心发展动能。为适应新质生产力的发展要求，努力建设体系健全、功能多样、层次分明、内外畅通、高效规范的全国统一要素市场，实现产权有效激励、要素自由流动、要素平等交换、价格反应灵活、公平竞争充分、市场开放有序的城乡要素市场发展的体制机制和政策体系，推动我国从要素市场大国向要素市场强国迈进，推动以要素重组升级为核心的农业产业革命，加快建设农业强国，特提出如下建议：

第一节　改变乡村资源要素单向流出格局

畅通县域城乡要素流动，推动城乡要素平等交换、双向流动，改变乡村资源要素单向流出格局。

一、持续推动劳动力合理有序流动

人才是第一资源，在城乡融合发展中振兴乡村，不仅要培育造就一支适应农业农村现代化发展要求的高素质农民队伍，还要在"引"上做文章，打通城乡人才培养交流通道，吸引各类人才投身乡村建设，推动乡村人才振兴。

要进一步深化户籍制度改革，支持具备条件的试点地区在城市群或都市圈内开展户籍准入年限同城化累计互认、居住证互通互认，全面放开生育政策，试行以经常居住地登记户口制度。支持建立以身份证为标识的人口管理服务制度，扩大身份证信息容量，丰富应用场景。

建设人口发展监测分析系统，为重大政策制定、公共资源配置、城市运行管理等提供支撑。建立健全与地区常住人口规模相适应的财政转移支付、住房供应、教师医生编制等保障机制。

加快畅通劳动力和人才社会性流动渠道。指导用人单位坚持需求导向，采取符合实际的引才措施，在不以人才称号和学术头衔等人才"帽子"引才、不抢挖中西部和东北地区合同期内高层次人才的前提下，促进党政机关、国有企事业单位、社会团体管理人才合理有序流动。完善事业单位编制管理制度，统筹使用编制资源。支持事业单位通过特设岗位引进急需高层次专业化人才。鼓励退休干部、国企事业单位人员返乡创业。

支持探索灵活就业人员权益保障政策。探索建立职业资格证书、职业技能等级证书与学历证书有效衔接机制。加快发展人力资源服务业，把服务就业的规模和质量等作为衡量行业发展成效的首要标准。激发人才创新创业活力。支持事业单位科研人员按照国家有关规定离岗创新创业。推进职称评审权下放，赋予具备条件的企事业单位和社会组织中高级职称评审权限。

加强创新型、技能型人才培养，壮大高水平工程师和高技能人才队伍。加强技术转移专业人才队伍建设，探索建立健全对科技成果转化人才、知识产权管理运营人员等的评价与激励办法，完善技术转移转化类职称评价标准。

二、进一步提高土地资源配置效率

深化农村土地制度改革，要以处理好农民与土地的关系为主线，加快补齐农业农村发展短板，提高土地要素配置精准性和流通效率，切实保障农民土地权益，更好用活乡村土地资源。要合理划分土地管理事权，严格落实国土空间管控边界，严守耕地和永久基本农田、生态保护红线、城镇开发边界三条控制线，探索赋予试点地区更大土地配置自主权。

允许符合条件的地区探索城乡建设用地增减挂钩节余指标跨省域调剂使用机制。探索建立补充耕地质量评价转换机制，在严格实行耕地占补平衡、确保占一补一的前提下，严格管控补充耕地国家统筹规模，严把补充耕地质量验收关，实现占优补优。

支持开展全域土地综合整治，优化生产、生活、生态、生命空间布局，加强耕地数量、质量、生态"三位一体"保护和建设。鼓励优化产业用地供应方式，鼓励采用长期租赁、先租后让、弹性年期供应等方式供应产业用地。优化工业用地出让年期，完善弹性出让年期制度。支持产业用地实行"标准地"出让，提高配置效率。支持不同产业用地类型合理转换，完善土地用途变更、整合、置换等政策。

探索增加混合产业用地供给，在农业园区建设中，推行"设施农用地＋建设用地＋永久基本农田＋林地＋一般耕地"五地联动的组合模式。支持建立工业企业产出效益评价机制，加强土地精细化管理和节约集约利用。

推动以市场化方式盘活存量用地。鼓励试点地区探索通过建设用地节约集约利用状况详细评价等方式，细化完善城镇低效用地认定标准，鼓励通过依法协商收回、协议置换、费用奖惩等措施，推动城镇低效用地腾退出清。推进国有企事业单位存量用地盘活利用，鼓励市场主体通过建设用地整理等方式促进城镇低效用地再开发。规范和完善土地二级市场，完善建设用地使用权转让、出租、抵押制度，支持通过土地预告登记实现建设用地使用权转让。

探索地上地下空间综合利用的创新举措。建立健全城乡统一的建设用地市场。在坚决守住土地公有制性质不改变、耕地红线不突破、农民利益不受损三条底线的前提下，支持试点地区结合新一轮农村宅基地制度改革试点，探索宅基地所有权、资格权、使用权分置实现形式。在依法自愿有偿的前提下，允许将存量集体建设用地依据规划改变用途入市交易。在企业上市合规性审核标准中，对集体经营性建设用地与国有建设用地给予同权对待。支持建立健全农村产权流转市场体系。

推进合理有序用海。探索建立沿海、海域、流域协同一体的海洋生态环境综合治理体系，统筹陆海资源管理，支持完善海域和无居民海岛有偿使用制度，加强海岸线动态监测。在严格落实国土空间用途管制和海洋生态环境保护要求、严管严控围填海活动的前提下，探索推进海域一级市场开发和二级市场流转，探索海域使用权立体分层设权。

三、持续推动资本服务实体经济发展

无论是新型城镇化建设还是乡村振兴战略的实施，都需要大量的资金投入，要拓宽资金来源，持续对政府各种涉农财政资金进行整合，提高资金使用效率。

要增加有效金融服务供给，依托全国信用信息共享平台，加大公共信用信息共享整合力度。充分发挥征信平台和征信机构作用，建立公共信用信息同金融信息共享整合机制。推广"信易贷"模式，用好供应链票据平台、动产融资统一登记公示系统、应收账款融资服务平台，鼓励金融机构开发与中小微企业需求相匹配的信用产品。探索建立中小企业坏账快速核销制度。

探索银行机构与外部股权投资机构深化合作，开发多样化的科技金融产品。支持在零售交易、生活缴费、政务服务等场景试点使用数字人民币。支持完善中小银行和农村信用社治理结构，增强金融普惠性。

发展多层次股权市场，创新新三板市场股债结合型产品，丰富中小企业投融资工具。选择运行安全规范、风险管理能力较强的区域性股权市场，开展制度和业务创新试点。

探索加强区域性股权市场和全国性证券市场板块间合作衔接的机制，为更好地推进乡村振兴产业投资基金发展，国家及政府应强化科学的规划和顶层设计，完善政策支持，提高政策针对性；建立农村产业大数据信息服务平台，提供经验分享，破除区域限制，鼓励有经验的基金机构进入中西部地区设立乡村振兴投资基金；充分发挥基金的桥梁与纽带作用，多渠道整合资源和资金，挖掘社会资本投资空间；明确投资方向，确保乡村振兴产业投资基金落于实处；因地制宜，做好农村优质项目的挖掘，发展一批、储备一批适合乡村振兴产业投资基金运作的优质农业农村项目。

完善地方金融监管和风险管理体制，支持具备条件的试点地区创新金融监管方式和工具，对各类地方金融组织实施标准化的准入设立审批、事中事后监管。按照属地原则压实省级人民政府的监管职责和风险处置责任。

四、大力促进技术成果向现实生产力转化

技术是农业现代化发展的重要推动力量，应完善县域城乡技术创新扩散机制，畅通科技支农渠道，加强技术合作，更好推动农业转型、农民增收和农村发展。

要健全职务科技成果产权制度，支持开展赋予科研人员职务科技成果所有权或长期使用权试点，探索将试点经验推广到更多高校、科研院所和科技型企业。支持相关高校和科研院所探索创新职务科技成果转化管理方式。支持将职务科技成果通过许可方式授权中小微企业使用。完善技术要素交易与监管体系，推进科技成果进场交易。完善职务科技成果转移转化容错纠错机制。完善科技创新资源配置方式，探索对重大战略项目、重点产业链和创新链实施创新资源协同配置，构建项目、平台、人才、资金等全要素一体化配置的创新服务体系。

强化企业创新主体地位，改革科技项目征集、立项、管理和评价机制，支持行业领军企业牵头组建创新联合体，探索实施首席专家负责制。支持行业领军企业通过产品定制化研发等方式，为关键核心技术提供早期应用场景和适用环境。

推进县域技术和资本要素融合发展，支持金融机构设立专业化科技金融分支机构，加大对科研成果转化和创新创业人才的金融支持力度。完善创业投资监管体制和发展政策。支持优质科技型企业上市或挂牌融资。完善知识产权融资机制，扩大知识产权质押融资规模。鼓励保险公司积极开展科技保险业务，依法合规开发知识产权保险、产品研发责任保险等产品。

五、加快建立数据交易市场流通规则

数据作为新的生产要素，应培育数字经济新产业、新业态和新模式，支持构建农业、工业、教育、城乡管理、公共资源交易等领域规范化数据开发利用的场景。

完善公共数据开放共享机制。建立健全高效的公共数据共享协调机制，支持打造公共数据基础支撑平台，推进公共数据归集整合、有序流通和共享。探索完善公共数据共享、开放、运营服务、安全保障的管理体制。优先推进企业登记监管、卫生健康、交通运输、气象等高价值数据集向社会开放。探索开展政府数据授权运营。建立健全数据流通交易规则。探索"原始数据不出域、数据可用不可见"的交易范式，在保护个人隐私和确保数据安全的前提下，分级分类、分步有序推动部分领域数据流通应用。探索建立数据用途和用量控制制度，实现数据使用"可控可计量"。规范培育数据交易市场主体，发展数据资产评估、登记结算、交易撮合、争议仲裁等市场运营体系，稳妥探索开展数据资产化服务。拓展规范化数据开发利用场景。发挥领军企业和行业组织作用，推动人工智能、区块链、车联网、物联网等领域数据采集标准化。深入推进人工智能社会实验，开展区块链创新应用试点。在农产品、金融、卫生健康、电力、物流等重点领域，探索以数据为核心的产品和服务创新，支持打造统一的技术标准和开放的创新生态，促进商业数据流通、跨区域数据互联、政企数据融合应用。

加强数据安全保护。强化网络安全等级保护要求，推动完善数据分级分类安全保护制度，运用技术手段构建数据安全风险防控体系。探索完善个人信息授权使用制度。探索建立数据安全使用承诺制度，探索制定大数据分析和交易禁止清单，强化事中事后监管。探索数据跨境流动管控方式，完善重要数据出境安全管理制度。

第二节 推进乡村资源资产价值化资本化

在畅通县域城乡要素流动中，发现资源资产价值并实现资源资产价值化、资本化是加快建设农业强国、实现乡村全面振兴的潜力所在。

一、全面摸清资源资产家底

丰富的自然资源资产，是乡村实现高质量发展的重要基础，为推进资源资产价值化提供了广阔空间。要摸清资源资产家底，建立资源资产价值发现机制，加快把大量有价值的资源资产挖掘出来。

首先，统一组织实施全域自然资源调查。充分利用现有第三次全国国土调查、林业调查等各类自然资源调查（清查）成果，开展全域自然资源调查，掌握全域重要自然资源的数量、质量、分布、权属、保护和开发利用状况，全面摸清资源资产家底。各行各业要认真梳理各自的资源资产，加强统筹管理，做到底数清、情况明。

其次，探索建立资源资产价值发现机制。突出岸线、流域、矿产、森林和闲置国有资产等重点领域资源资产动态发现，把有价值的资源资产挖掘出来，做好分类动态管理，该保护的坚决保护好，可开发的科学开发好，推动实现资源资产价值最大化。

第三，提升资源资产信息化水平。推动自然资源调查数据的深度融合，建立统一的分类体系、技术标准和数据库标准体系，将原有各类自然资源标准体系进行梳理、融合，将原来分散在各个部门的自然资源数据进行统一管理，推进国土调查成果与矿产、水、森林、湿地等自然资源调查成果的实质融合。

二、明晰资源资产的产权

激活沉睡的资源资产，产权明晰是自然资源资产价值实现的重要前提。按照《关于统筹推进自然资源资产产权制度改革的指导意见》，实现自然资源资产产权归属清晰、权责明确、保护严格、流转顺畅、监管有效的改革目标，将全民所有自然资源资产所有权代表行使主体登记为自然资源部门，逐步实现自然资源确权登记全覆盖。各地要以推进自然资源产权制度改革为抓手，推动明晰资源资产权属关系，为资源资产价值化打下坚实基础。

首先，健全自然资源资产产权体系。创新自然资源资产全民所有权和集体所有权的实现形式，落实承包土地所有权、承包权、经营权"三权分置"，探索宅基地所有权、资格权、使用权"三权分置"，为土地流转奠定制度基础。完善矿业权相关制度，合理延长探矿权有效期及延续、保留期限，分类设定采矿权有效期及延续期限，完善探矿权、采矿权与土地使用权衔接机制。

其次，明确自然资源资产产权主体。探索建立县（市、区）政府受委托代理行使自然资源资产所有权的资源清单和监督管理的工作机制。乡镇农经站要成立"四资"办公室，配备专职人员。完善全民所有自然资源资产收益管理制度，推进农村集体所有的自然资源资产所有权确权，依法落实农村集体经济组织特别法人地位，保障农村集体经济组织成员对自然资源资产享有合法权益。

第三，科学统筹全域自然资源统一确权登记。研究制定全域自然资源统一确权登记工作方案，按照国家和省统一部署，在做好国家公园等各类自然保护地、重点国有林区、湿地、大江大河重要生态空间确权登记工作的基础上，推进全域各类自然资源统一确权登记工作，加强自然资源确权登记成果信息化管理，让各类资源资产产权清晰、归属明确。

三、建立资源资产价值评估制度

绿水青山既是自然财富、生态财富，也是社会财富、经济财富。发现资源资产价值，确定权属关系后，确定资源价值衡量尺度，开展自然资源资产价值评估，按照《关于统筹推进自然资源资产产权制度改革的指导意见》，研究建立自然资源资产核算评价制度，开展实物量统计，探索价值量核算，编制自然资源资产负债表。积极开展全民所有自然资源资产负债表编制试点，探索资源价值定价评估方法，科学合理评估各类资源价值，破解"绿水青山无价"难题。

首先，找准价值评估方法。加强价值化理论研究，联合高校、科研机构等开展生态产品价值实现基础理论、市场配置和交易机制等重大问题研究，探索森林资源、湿地资源、水资源等生态资源及生态产品简便易行的价值理论与可复制可推广的核算方法体系。

其次，试点探索价值评估。探索开展自然资源资产负债表编制及其价值实现机制，制定符合本地实际的价值量化标准体系，选取条件比较成熟的县（市、区），对矿产资源、森林资源、水资源、农用地资源、珍稀濒危物种资源、大气资源和岸线资源进行评估核算，编制试点县自然资源资产负债表价值量表，合理确定各类资源资产价格，让生态"家底"贴上"价格标签"。

第三，拓展价值核算应用。建立能准确体现本地特点，科学反映自然资源各种状态的负债表体系，全面记录当期自然资源管理主体对自然资源资产的占有、使用、消耗、恢复和增值活动。同时，搭建自然资源资产信息管理平台，加强对自然资源资产的监督，确保自然资源资产不流失，实现保值增值。

四、实现资源资产价值化、资本化

探索政府主导、企业和社会各界参与、市场化运作、可持续的生态产品价值实现路径。资源资产价值实现是一项理论性强、政策性强、操作性强的系统工程，要坚持共建共享共赢，因地制宜，重点发力，推动制度创新、试点实践和政策制定，打通资源资产价值转化通道，向绿色要红利，探索多元化资源资产价值实现路径。

首先，完善生态保护补偿机制。坚持"谁受益、谁补偿"，积极推动水资源流域下游受益地区与保护生态地区、流域上游通过资金补偿、购买生态产品和服务、对口协作、产业转移、共建园区等多元化方式建立横向补偿机制，开展水资源贡献率生态补偿试点。对于供给和消费、保护和受益关系明确的生态产品，开展市场化生态保护补偿。坚持"谁损害、谁修复"，推进自然资源资产损害赔偿，将生态环境损害等纳入自然资源及其产品价格形成机制，让破坏者付出相应代价。

其次，探索多元化生态产品价值实现路径。开展自然资源领域生态产品价值实现机制试点，探索开展生态资源指标及产权交易，鼓励"生态银行""两山银行"等模式，通过租赁、置换、入股等方式集中自然资源资产并开展整体运营，吸引社会资本和专业运营商发展优势产业，提升生态产品的供给能力和整体价值。发挥政府主导和市场化机制作用，探索特许经营权、水权、排污权、用能权等资源环境权益交易。探索开展在国家公园、湿地公园等自然保护地内建立自然资源资产特许经营权等制度试点。结合实际，积极探索绿色金融、绿色采购等其他类型的生态产品价值实现路径，推动生态产品内在价值的显化和外溢。

第三，提高资源资产利用效率。完善自然资源资产开发利用标准体系和产业准入政策，将自然资源资产开发利用水平和生态保护要求作为选择使用权人的重要因素并纳入合同或协议条件。完善自然资源资产使用权转让、出租、抵押市场规则，建设完善市土地资源交易监管系统，全面开展土地市场信用体系建设。大力推动国有企业参与资源资产价值化，探索多种价值化实现模式，以国企改革为切入点，通过国有企业平台，盘活整合土地资源、矿产资源、水资源、旅游资源等国有资源资产，实现国有资源资产价值化、资本化。以国家绿色矿业发展示范区建设为契机，全面清理现有矿业探矿权和采矿权，通过科学论证，合理划分可采区、禁采区，统筹考虑市场供给基础，整合"小、散、乱"矿业企业，实现现有矿产资源价值最大化。

第四，推动重点领域资源资产价值化、资本化。大力推动土地资源载体的增值和外溢，合理规划功能分区和用地布局，连片征收储备地，多管齐下盘活利用存量闲置用地，以土地储备为抓手，推进公共设施建设和片区综合开发，多渠道配置用地指标，为优势产业、新兴产业发展腾出空间和提供资源。以基础立法为途径，明确岸线开发利用方面的规定，以试点先行推行，探讨以特许经营或政府资源有偿出让等模式实现岸线"资源转化为资产、资产转化为资金、资金转化为资本、农民转化为股东"目标。

创新发展生态农林业、生态产品加工等产业，利用优质生态产品，发展生态旅游、生态康养等"进入式消费"模式，特别是依托水源清洁、气候适宜、空气负氧离子含量高等生态优势，以全国医养结合试点市建设为契机，引导和鼓励社会资本参与康养产业，发展森林和田园风光养老和温泉养老。

五、抓好资源资产价值的保护

保护自然就是增值自然价值和自然资本的过程。要坚持保护优先、合理利用，彻底摒弃以牺牲生态环境换取一时一地经济增长的做法，坚持改革创新生态保护体制机制，积极开展生态文明试点，全域推进生态保护治理，守护好绿水青山，提升生态产品溢价潜力。

注重规划引领推进生态保护。划定并严守生态保护红线，永久基本农田、城镇开发边界等控制线，严格河湖水域岸线等水生态空间管控，编制县（市、区）主要河道水域岸线保护与利用规划，强化岸线保护和节约集约利用。统筹推进山水林田湖草生态保护修复试点工作，设立生态环境研究中心，开展固废危废处理处置和碳中和等的研究试点，推动实现高水平生态保护。

注重统筹协调推进生态保护。理顺部门间的资源资产保护责任衔接机制，建立工作配合机制，逐步完善部门互动沟通、统筹协调、审慎联动的保护治理机制。强化无为问责和有为激励，抓机制完善，笃实生态产品生产者为载体的政策激励机制，构建政府、集体、农户、行业、企业和社会资本共同构成的多元参与、激励约束并重的公共产品PPP供给的合作新机制和治理模式。

严惩破坏生态环境行为。加大生态领域反腐败力度，紧盯"林、水、矿"等地方生态资源领域开展精准监督，坚决查处破坏生态环境违法违纪行为，以铁的纪律筑牢生态屏障。发挥生态环境公益诉讼作用，加大环保执法检查力度，严厉惩处突破"红线"、破坏生态环境的行为。同时，引导全社会树立生态产品有价、保护生态人人有责的意识，营造保护生态良好氛围。

第三节　加大财政资金投入和引领力度

加大财政资金投入引领，是"资源要素嬗变"整合运作这一生态价值链条上的环节，也是生产要素不断增多的过程，不再是单一的指向性财政资金支持，而是对党建引领多元一体经济，进行整合性的资金投入，需要财政政策的创新性支持。

一、保持财政支持政策总体稳定

要加大政府转移支付的力度，结合国家财力，合理安排财政资金投入规模，调整优化财政资金管理制度，赋予县级更大自主权，聚焦乡村振兴，逐步提高用于特色产业发展的比例，改善支出结构，抓住支持重点，适当向乡村振兴重点帮扶县倾斜，允许国家财政资金作为乡村集体股权投入企业，允许边缘户享受使用财政衔接资金，统筹兼顾，推动均衡发展。对农村低收入人口的常态化帮扶，通过相关专项资金予以支持。继续实行涉农资金统筹整合试点改革，探索建立全国涉农资金整合长效机制。加强以工代赈中央预算内投资管理，清理下拨未投的各类财政资金，确保资金落实到项目，督导项目实施单位及时足额发放劳务报酬。统筹做好易地扶贫搬迁融资资金偿还有关工作；现有财政相关转移支付继续倾斜支持脱贫地区；持续支持特色产业发展效果明显的贷款贴息、政府采购；落实政府采购支持乡村产业振兴政策，鼓励预算单位采购帮扶村农副产品。在防范政府债务风险的前提下，支持有条件的地区依法合规使用政府债券用于实现巩固拓展脱贫攻坚成果同乡村振兴有效衔接项目。

二、制定相关的税费政策

建立健全支持新型经营主体发展的税收政策体系，继续全面落实涉农、小微企业和重点群体创业就业等相关税收优惠政策。按照"以要素赋能乡村产业发展"的需要，适时调整政策优惠力度，保持政策弹性。加强对涉

資源要素嬗变论

农税收改革的统筹规划，提高税收政策引导能力。进一步落实涉农优惠政策，减轻农民合作社、家庭农场等主体经营负担；农产品加工企业的税收优惠，降低产品增值税和企业所得税税率；开展农业社会化服务，引导社会资本进入乡村，吸引小农户进入服务业链条，加大涉农服务业企业税收支持力度。加快推广核定扣除办法，根据《农产品增值税进项税额核定扣除试点实施办法》规定，纳入试点范围的产品增值税进项税额进行抵扣，有利于降低管理成本，缩小深加工产品增值税"高征低扣"的差距。防范农产品销售涉税风险。税务机关依法清理整顿空壳农民合作社，对于无实质经营活动的主体进行排查并依法注销，杜绝虚假财务操作行为。

三、发挥财政投入引领作用

农村领域金融发展总体水平的提升，是畅通县域城乡要素流动，促进农村三产融合发展的关键动力，解决农村"融资难、融资贵、融资慢"等问题，有利于集合利用资源要素促进现代农业产业体系、生产体系和经营体系构建。重点关注金融服务落后地区金融基础设施建设，以科技农业、质量农业、绿色农业、智慧农业、数字农业为主要发展方向，加大对金融科技创新的财政支持力度，引导农村信用社、农业商业银行、村镇银行等金融机构数字化转型。探索物流、信息流、资金流的有机结合，构建一体化的金融结算、信贷、投资、风险管理的完整体系。引领农村金融机构的绿色信贷产品创新，开展农户林权、宅基地使用权、土地经营权预期收益抵押贴息贷款。支持工商资本和其他社会资本设立的专项贴息贷款，建立企业挂牌和上市奖励制度，加快推进各地乡村振兴基金的设立。

四、完善政策性农业保险制度

大力发展政策性农业保险，允许财政资金支持特色产业气象指数保险、价格指数保险、产值产量保险和防贫保险等，扩大政策性农业保险的覆盖面。实行农业财政补贴与保险补贴双补贴制，借鉴美国保险公司通过发行债券维持资金可持续性的做法，发挥政府对农户、企业和保险公司实行双向补贴的市场化差异化政策优势，发挥保障功能。

第四节　强化乡村吸纳要素的载体建设

畅通县域城乡要素流动，必须加强农村吸纳生产要素的载体建设，通过利益链条把各要素主体有机结合并建立稳定关系，促使逐利而来的城乡生产要素合理配置、平等交换。

一、不断推进现代农业产业体系建设

完善现代农业产业体系、生产体系、经营体系，探索和创新利益链联结新模式。积极推进城乡产业融合，要调整产业政策，建立相应机制体制，实现城乡产业链融合与空间再分布。应充分利用农村土地、劳动力等方面的比较优势，因地制宜，促进城市产业链向乡村延伸。鼓励各类社会资本下乡，统筹发展城乡休闲农业、旅游业、康养产业、特色农业等，实现产业多元化、融合化。发展数字经济是推动绿色低碳发展、实现双碳目标的重要途径，数字技术与新能源技术融合形成的数字能源技术，让乡村的风光点亮了城镇的灯火，为工业化、城镇化、农业现代化赋能，为信息化插上腾飞的翅膀，有效构建数字经济时代绿色低碳的生产生活方式。把发展数字经济作为培育发展新动能、促进新旧动能转换的战略抉择。要充分发挥资源与区位优势，完善产业支撑体系，积极融入国内大循环。同时，依托城市产业发展现状，适时调整优化周边乡村产业结构，不断延长产业链、拓宽供应链、提升价值链、打造生态链等，积极推进农村三产融合发展。

二、建立健全城乡投融资体系

搭建投融资平台，建立资金渠道，是畅通县域城乡要素流动的必然选择。农村基础设施是农村经济社会发展的重要支撑，涵盖范围十分广泛。在城乡融合发展中振兴乡村，必须坚持城乡共建共享，继续把公共基础设施建设的重点放在农村，积极推进城镇基础设施向乡村延伸。建立健全城乡一体、全域覆盖、层级分明、多规合一的科学规划体系，统筹规划和推进城乡基础设施建设网络；明确农村基础设施的公共产品定位，强化政府投入和主导责任，健全投入长效机制，形成主体多元、充满活力的投融资体制。此外，还要制定切实可行的城乡基础设施一体化建设标准，为农村基础设施建设提供技术支撑。

三、建立完善城乡公共服务一体化平台

重点是提升农村基本公共服务水平，实现城乡公共服务一体化。既要适应农村人口结构和经济社会形态的变化，建立城乡公共资源均衡配置机制，强化农村基本公共服务供给县乡村统筹，逐步实现标准统一、制度并轨，还要在乡村振兴中引入城市优质公共服务，建立城乡统一的标准，积极发挥政策的导向作用，打通基本公共服务供给堵点，逐步缩小城乡基本公共服务差距；既要健全统筹城乡的就业政策和服务体系，推动公共就业服务机构向乡村延伸，还要强化县城综合服务能力，推动教育、医疗卫生等公共服务资源在县域内实现优化配置，提升城乡公共服务均等化水平。

第五节　大力发展股份合作制经济组织

挖掘和释放家庭经营新潜力，催生和孕育适度规模化经营的新动能，畅通县域城乡要素流动，为农民提供经济合作与利益诉求的多元平台和组织支撑，以关键环节的突破，加快推进股份合作制。

一、推进农村各类产权的确权登记颁证

股份合作制以产权为基础，只有具备明晰的农村各类产权，才能实行股份合作。一方面要确权，加快推进农村土地所有权、承包权、经营权"三权分置"，和宅基地所有权、资格权、使用权"三权分置"，做好农村集体建设用地使用权、集体林权等确权登记颁证工作，明晰各类产权，保护农民权益。总的原则是政策和法律允许的，都要纳入范围、分类进行，做到

能确尽确；村集体经济组织和广大农民赞同的，都要将实物形式资产量化为资本形式股权，做到能股则股。一方面要创新，在确权的基础上，在法律政策框架范围内，最大限度扩大和完善农村各类产权的权能，引导农民将闲置的土地经营权和农宅使用权进行流转入股，集中起来成立土地合作社和农宅合作社，盘活农村闲置土地和宅院，通过股份合作制实现农村资源资产价值化、资本化，为实施"资源要素嬗变"运作创造条件。

二、建立完善农村产权交易体系

有了农村产权交易平台这个"桥梁"，才能在确权的基础上，构建起农村产权与资本交易服务体系，推动小农户与企业进行合作，发展股份合作经营，真正实现农村劳动力转出来、工商资本引进来、农村要素活起来。在开展农村承包地经营权、林权进场公开流转交易的基础上，探索推进农村集体资产、集体经济组织股权、农村土地和养殖水面经营权、农村"四荒地"使用权、农业设施装备、小型水利设施、农业知识产权、林木及林产品等交易，实行监督管理、交易规则、平台建设、信息发布、交易鉴证、收费标准、管理软件"七统一"，实现农村各类产权的可处置、可变现。

三、建设一批现代农业园区

推行股份合作制，现代农业园区是一个有力抓手和综合载体。要引导农民以托管、租赁、入股等形式流转承包土地的经营权，积极引入龙头企业和工商资本，将与农业上下游的密切相关的多个龙头企业聚集起来、多个产业链衔接起来，推进农村三产融合，使资源相互补充，实现各方股份合作经营。以股份合作制为特征的现代农业园区，本身就是开放型农业。要打破地域限制，把股份合作制的优势在更大范围、更宽领域发挥出来。构建各种人才、资金、技术、数据、项目等合作平台，加快建设一批以股份合作制为运行模式的现代农业园区。用抓工业园区的思路抓现代农业园区，统一规划建设、统一招商引资、统一管理服务，实现园区、企业和农户的无缝对接与合作，推动城乡要素流动配置，实现园区内三产业融合发展。

四、完善支持股份合作制发展的政策体系

发展股份合作制，既要发挥好市场在配置资源中的决定性作用，也要发挥好政府引导、协调、服务的重要作用，实现有效市场和有为政府的有机结合。在设立、管理、服务、保障等环节，研究制定支持股份合作制发展的政策措施。在设立环节，应就股份合作制农民合作社、企业等在市场监管部门注册登记，提出有关支持举措，放宽业务登记范围；在管理环节，应在明晰各类资产权属关系的基础上，制定和完善符合自身特点的管理制度和分配机制；在服务环节，应就城市先进生产要素和产业项目进入乡村，提出重点领域目录和具体的财税、土地、金融等方面的配套优惠政策；在保障环节，应就确保农民各类产权入股的安全和收益，建立健全风险防范和利益联结保障机制，为股份合作制发展营造一个良好的政策环境和社会环境。

五、选择不同类型的模式进行示范推广

股份合作制是一个新生事物，要促使其发展起来，需要及时总结各地的典型经验和成功做法，形成若干成功模式和实践样本。实行现代企业管理制度，加强农村资源资产资金管理，实施"资源要素嬗变"整合运作，壮大农村集体经济，多渠道增加农民收入。对各种模式要边总结、边推广、边规范，研究制订相关政策和法规，加强工作指导，防止股份合作制"走形变样"，与民争利，损害农民群众利益。

第六节　加强县域城乡要素市场环境治理

畅通县域城乡要素流动，推动各领域要素市场化配置改革举措相互配合、相互促进，提高不同生产要素资源的组合配置效率，离不开要素市场的结构优化和协同推进，必须加强县域要素市场的环境治理，为建立全国统一的大市场，创造一个良好的营商生态环境。

一、完善要素市场化交易平台

建立健全县乡村金融服务体系，加强农村集体资源资产资金的监督管理，持续推进公共资源交易平台整合共享，拓展公共资源交易平台功能，逐步覆盖适合以市场化方式配置的自然资源、资产股权等公共资源，扩大农村产权交易中心，规范发展大数据交易平台，完善针对农村电商的融资、结算等金融服务。

支持完善资源资产市场化交易机制，支持试点地区完善电力市场化交易机制，提高电力中长期交易签约履约质量，开展电力现货交易试点，完善电力辅助服务市场。按照股权多元化原则，加快电力交易机构股份制改造，推动电力交易机构独立规范运行，实现电力交易组织与调度规范化。深化天然气市场化改革，逐步构建储气辅助服务市场机制。完善矿业权竞争出让制度，建立健全严格的勘查区块退出机制，探索储量交易。

支持构建绿色要素交易机制。在明确生态保护红线、环境质量底线、资源利用上线等基础上，支持试点地区进一步健全碳排放权、排污权、用能权、用水权等交易机制，探索促进绿色要素交易与能源环境目标指标更好衔接。探索建立碳排放配额、用能权指标有偿取得机制，丰富交易品种和交易方式，探索开展资源环境权益融资。探索建立绿色核算体系、生态产品价值实现机制以及政府、企业和个人绿色责任账户。

支持企业参与要素交易平台建设，规范要素交易平台运行。支持要素交易平台与金融机构、中介机构合作，形成涵盖产权界定、价格评估、流转交易、担保、保险等业务的综合服务体系。加强要素交易市场监管，创新要素交易规则和服务，探索加强要素价格管理和监督的有效方式。

二、进一步发挥要素协同配置效应

提高全球先进要素集聚能力，支持探索制定外国高端人才认定标准，为境外人才执业出入境、停居留等提供便利。支持符合条件的境内外投资者在试点地区依法依规设立证券、期货、基金、保险等金融机构。探索国际科技创新合作新模式，支持具备条件的试点地区围绕全球性议题在世界范围内吸引具有顶尖创新能力的科学家团队"揭榜挂帅"。支持行业领军企业牵头组建国际性产业与标准组织，积极参与国际规则制定。

完善按要素分配机制。提高劳动报酬在初次分配中的比重，强化工资收入分配的技能价值激励导向。构建充分体现知识、技术、管理等创新要素价值的收益分配机制。创新宅基地收益取得和使用方式，探索让农民长期分享土地增值收益的有效途径。合理分配集体经营性建设用地入市增值收益，兼顾国家、农村集体经济组织和农村居民权益。探索增加居民财产性收入，鼓励和引导上市公司现金分红，完善投资者权益保护制度。

三、加强要素市场信用体系建设

健全要素交易信息披露制度，深化"放管服"改革，加强要素市场信用体系建设，打造市场化法治化国际化营商环境。强化反垄断和反不正当竞争执法，规范交易行为，将交易主体违法违规行为纳入信用记录管理，对严重失信行为实行追责和惩戒。开展要素市场交易大数据分析，建立健全要素交易风险分析、预警防范和分类处置机制。推进破产制度改革，建立健全自然人破产制度。明确自然资源使用者对生态影响伤害的行为底线，全面推行责任清单、负面清单、失信"黑名单"、异常名录等机制，把社会责任理念融入企业发展全过程，切实保障生态产品全生命周期环境负荷的维护。坚持信用就是资产的理念，改变以财产为主的评价体系，继续开展信用户、信用村、信用乡镇、信用县"四信联建"，建立信用数据库，推进农村信用体系建设。改善金融生态环境，防范化解各类金融风险。

本章小结

按照"资源要素嬗变"运作的要求，本章研究提出了改变乡村资源要素单向流出格局，推进乡村资源资产价值化、资本化，加大财政资金的支持力度，强化乡村吸纳要素的载体建设，大力发展股份合作制经济组织，加强县域城乡要素市场环境治理 6 条政策措施建议，坚持城乡融合发展，畅通县域城乡要素流动，这既是理论问题，也是实践问题；既是发展问题，也是改革命题。要推动我国从要素市场大国向要素市场强国迈进，加快建设供给保障强、科技装备强、经营体系强、产业韧性强、竞争能力强的现代化农业强国。

参考文献

[1] 刘守英：《实现农业现代化：共同性与独特性》，《光明日报》2023年4月18日第11版。

[2] 胡乐明、李连波：《21世纪以来西方发达国家资本运动的新特点》，《世界社会科学》2023年第2期。

[3] 亚当·斯密：《国富论》，陈星译，北京联合出版公司，2013。

[4] [英]马歇尔：《经济学原理》，章洞易缩译，北京联合出版公司，2015。

[5] 高鸿业：《西方经济学》，中国人民大学出版社，2021。

[6] 史玉强：《"四资"运作》，河北科技出版社，2022。

[7] 王留根：《干部实绩考核概论》，河北人民出版社，1999。

[8] 王留根：《金融：中观经济学》（上、中、下卷），中国文化投资出版社，2012。

[9] 王留根：《相对贫困论》，中国农业出版社，2020。

[10] 吴华、王留根：《精准扶贫特惠金融理论与实践》，中国金融出版社，2020。

[11] 王留根、王腾：《乡村振兴与共同富裕——特色产业扶贫模式》，中国出版集团中译出版社，2023。